Godzilla is Eiji Tsuburaya

ゴジラは円谷英二である

航空教育資料製作所秘史

指田文夫

JN145572

えにし書房

ゴジラは円谷英二である〈目次〉

1　ゴジラの故郷はどこか

「ゴジラのふるさとは南太平洋の海底ではないか」と多くの方は言うだろう。だが、一九四二年の山本嘉次郎監督の映画『ハワイ・マレー沖海戦』がゴジラの父なら、その兄たちが生まれた場所は一九四〇年代の東宝砧撮影所にあった。それは合資会社航空教育資料製作所という奇妙な名前のスタジオであった。そこでの特殊撮影の研究、試作と製作が、戦中、戦後の東宝の特撮映画技術の基礎となったのは間違いのない事実である。私は、二〇一三年に『黒澤明の十字架』を現代企画室から出版し、戦後の黒澤明について、従来まったく触れられていなかった「徴兵忌避」という視点を出した。さらに東宝の航空教育資料製作所についても触れたのだが、これはほとんど注目されることがなかった。

そこで、今回はあらためて航空教育資料製作所とその指導者であった円谷英二について書くことにする。これは、円谷英二らの戦争責任を問うといった意図ではまったくない。戦争責任というなら、当時日本国民のすべては、その大小、積極的・消極的はあるにしても、何らかの形で戦争遂行に参画し、その結果ほとんどの日本国民は戦争責任を負っていることになる。その意味で、敗戦直後、内閣総理大臣となった東久邇稔彦が「一億総懺悔」を唱えたのは、戦争指導者としての彼らの責任放棄の大問題はあるとしても、ある意味で正しかったのである。拙著は、そうした観点で戦前から東宝に存在した「秘密スタジオ」について、その軌跡をたどり、そのことによって円谷英二の全体的な再評価をしようとするものである。

『黒澤明の十字架』に続き、私は二〇一五年に『小津安二郎の悔恨』をえにし書房から出し、それも多くの方から「従来にない視点」との評価をいただいた。と同時に、「指田の映画批評法は、〈裏目読み〉ではないか」とのご批判もいただいた。裏目読み映画批評とは、一九六〇年代に雑誌「映画芸術」の編集長だった小川徹が唱え、評論家の斉藤龍鳳らも展開した映画批評の方法で、作品に見られる象徴的な表現を基に、その裏に隠れている作者の意図を探る批評法である。言うまでもなく、映画や演劇、オペラなどは、小説や絵画、音楽などとは根本的に異なり、脚本家、監督らに加え、多くのスタッフや出演者の参加・協力はもちろん、その製作費を負担する企業家の力がないとできないものである。近年のプライベート映像を除き、商業映画で一〇〇%自己の意思で映画を作った作家は世界でもいないと思う。映画作家は、自分の意思を作品の中にどれだけ上手く取り込み、表現できるかが最大の課題であることは容易に理解できる。なればこそ映画批評にあっては、作品として表現された映画の向こう側に、「一体作家は何を言いたかったのか」を考えることが、必要であり重要なのである。ここでも私はこの視点で、円谷英二とゴジラを解明していきたい。

2　ゴジラとは何か

ゴジラは、一九五四年に東宝で製作された後、アメリカで二回、さらに北朝鮮でも一九八五年に疑似ゴジラ映画の『プルガサリ』が作られ、米国製の無残な『Godzilla』が公開された一九九八年にそれに便乗して日本でも公開された。なぜ北朝鮮でゴジラが作られたかと言えば、映画が大好きで、特に『ゴジラ』がお好みの金正日首領様が、「わが国でもゴジラを作れ」と命じたからである。東宝から特撮監督の中野昭慶、ゴジラ役者の薩摩剣八郎らを招いて『プルガサリ』が作られた。この時のことを、私は雑誌「ミュージック・マガジン」に書いた。

アメリカ製ＳＦＸとして、特別によくできた作品ではない。しかし、今ゴジラがアメリカで作られたことには、大きな意味があると私には思われる。何故なら、ゴジラは、憲法第9条下で、明確な仮想敵国を持たない日本でこそ生まれた外敵であるからだ。『カサブランカ』から『シンドラーのリスト』に至るまで、ヒットラーとナチスは、現代の悪役としてアメリカ映画にはなくてはならない存在だった。同様に、旧共産・ソ連も欧米の映画に欠くことのできない絶対悪であった。ところが、我が国では、為政者はともかく、大衆レベルでは仮想敵国は存在しなかった。そこで作り出されたのが、政治性のない敵としてのゴジラであった。冷戦が終了し、フセイン政権以外明確な敵を喪失したアメリカ社会に、人類最後の敵として、ゴジラが輸出されたことは、世界平和にとって多分喜ぶべきことに違いない。（「ミュージック・マガジン」一九九八年九月号）

さて、『プルガサリ』について言えば、撮影機材が古いせいか、画面はひどいが大群衆シーンはさすがに人文字の大衆動員の国なので物凄く、内容は結構興味深い作品だった。監督は元は韓国の人で、自ら北に来たという（本当は拉致で、後に米国に亡命したのだが）申相玉。時代は古代朝鮮、悪い王様の圧政に苦しむ農民に伝説の怪獣プルガサリが現れ、王様や臣下を倒して農民を解放する。だが、プルガサリは鉄を食べる怪獣だったので農具がなくなり再び農民は苦しむ。その時、乙女の尊い犠牲でプルガサリは元の泥人形に戻るというプロット。これは社会主義で人民を解放したはずの北朝鮮の政権が金王朝となって大衆を苦しめていることの暗喩ではないかと思えた。また、さらに戦後の東宝映画には次のように戦争の記憶が反映されていることも書いたが、これは戦争と東宝、さらに黒澤明についての日本映画界で最初の指摘だった。

恐らく『ゴジラ』以降の一連の怪獣映画の根底には、通常言われる原水爆への不安と共に、第二次大戦時の圧倒的な米軍の空襲と、全滅への恐怖があったのだと思われる。かつて、文芸評論家本多秋五が、「白樺派の文学は、日露戦争の戦後文学だ」と言ったのにならえば、東宝の特撮怪獣映画はまさしく戦後映画だったのだ。同様に、黒澤明の作品も、『七人の侍』を典型に戦争を強く引きずっていた。殊に何故か彼が直接従軍しなかったことが、黒澤自身の重要な「負荷」として、逆に作品の倫理を支えていた。だから、こうした戦争への心理的重荷が、ほぼ日本の社会から払拭された昭和30年代中頃（作品としては『天国と地獄』）以降、黒澤の作品は急速に弛緩し凡庸になってしまうのだ。

　さて、ではなぜ映画『ゴジラ』は人気があるのだろうか。私は、それはゴジラが円谷英二その人だからだと思う。ゴジラは凶暴な怪獣でありながら、どこか人間的で、ユーモラスな感じがする。それはもちろん、キングコングなどの海外映画の怪獣がコマどり撮影の人形であるのに対して、日本の怪獣は役者が入っている着ぐるみであることも関係するだろう。

　だが、それ以上に重要なことは、ジュラ紀の恐竜が、アメリカのビキニ環礁での水爆実験による被ばくで怪獣ゴジラになったが、円谷英二は、戦前、戦時中には多数の「軍事シミュレーション」映画を作り、多くの若者を戦場に送った人だったことだ。ゴジラは、日本人に災厄を与えるが、最後はなぜか日本から去って行ってしまい、日本社会の平穏を回復させる。その姿は円谷英二、その人だと言える。だからゴジラは、凶暴な面と同時に、平穏をもたらす神としての一面も持っているのである。それは、クリスチャンでもあった円谷英二の戦時中の自己の仕事への悔いもあったはずだ。戦後、円谷英二は、戦時における自分の戦争協力についてほとんど語らなかったという。そのことを、後に円谷英二の下で、金城哲夫とともに円谷プロで脚本家として活躍した上原正三は、次のように言っている。

そして円谷英二は54年のゴジラを作り上げただけで充分に特撮の神様たりうるのである。ただ、この映画には、ひとつだけ得心できないものがあった。ゴジラは、アメリカがビキニ環礁で行った水爆実験の結果生まれた。それなのになぜ被爆国日本を再び襲うのかという疑問である。ニューヨークに上陸して自由の女神を破壊するのがスジではないのかと考えたものだった。後年、図らずも円谷プロに在籍することになったが、そのことを円谷監督に尋ねるチャンスはなかった。（上原正三「私が見た〝特撮〟の神様」、2001円谷英二生誕100周年記念プロジェクト監修『素晴らしき円谷英二の世界』）

さすがに太平洋戦争で、唯一の地上戦の悲劇が行われ、戦争の惨禍を知っている沖縄人・上原の疑問である。私としてはぜひ円谷英二に聞いてほしかった根本的な問いである。『ゴジラ』の素晴らしさについては、東宝のプロデューサーで『ゴジラ』も担当したことのある富山省吾も次のように答えている。

そのゴジラのオリジナリティというのは3つあると思うんです。ひとつは〈ゴジラ〉が生まれた意味ですよ。核実験で生まれたという理由。ひとつは〈ゴジラ〉のフォルムです。二足歩行で背ビレがあって、口から放射線熱線を吐くという独自なキャラクター性。そしてさいごのひとつが撮影方法ですよ。ゴジラのスーツに人間が入って、実風景と見違うようなミニチュアセットをつくって撮影するという、この3つです。この3つのうち、2つは円谷さんが大きく関わってやられたものですよ。

（富山省吾「偉大なる名作『ゴジラ』」『素晴らしき円谷英二の世界』）

ゴジラは円谷英二であり、円谷英二は一九三〇年代末から多数の「軍事シミュレーション」映画を作り、時代の要請で戦争遂行に積極的な協力をした人間であった。また、監督の本多猪四郎は、戦後軍隊から復員して広島を通った時のことを次のように語っている。

原爆については、これは何回も言っているけど、ぼくが中国大陸から帰ってきて広島を汽車で通過したとき、ここには75年、草一本も生えないと聞きながら、板塀でかこってあって、向こうが見えなかったたっていう経験があったんです。その原爆によってゴジラが生まれたってことね。

（本多猪四郎『「ゴジラ」とわが映画人生』）

ただ、彼は広島、長崎の原爆のイメージは映画にはないとして、その現実はもっと悲惨で表現できないと言っている。先の富山省吾は『ゴジラ』の中の優れたシーンについても触れているが、さすがにプロデューサーとしての的確な目で見ている。

だから印象は強烈でしたよ――芹沢博士〈平田昭彦〉の恋とか、自己犠牲とか、ゴジラの哀しさとか……（中略）平和への祈りの歌――それ以上に断片的なカットイメージの強さ――例えば〈東京を焦土と化すゴジラのシーンの中で〉銀座4丁目でお母さんが子供を抱き締めながらしゃがんでいるシーンとかは最初に見たときから覚えているし――野戦病院のようなシーンとか、潜水服着て海底に沈んでいく芹沢博士とか……河内桃子さんのノースリーブとかね。――今でも鮮烈に覚えていますよ。

（富山省吾／前掲書）

母親は子供に言う。「もうすぐお父さんのところにいけますよ……」。まさに日本人が体験した米軍の空襲の恐怖と死のイメージである。

円谷は、戦争中の責任と自己の罪を重く感じて、戦後に東宝から少し身を離していくようになり、特撮が必要な個々の作品にのみかかわることになる。戦争中に日本映画界でも、多くの戦意高揚映画が作られたが、その責任を行為で示した人は、私が知る限り、円谷英二ただ一人である。これと対照的なのは、『ハワイ・マレー沖海戦』などの監督・山本嘉次郎である。彼は終戦の翌年の五月には、組合運動賛美映画の『明日を創る人びと』を黒澤明、関川秀雄と共同監督するのだから、その一種変わり身の早さには驚くしかない。そして円谷は、すでに戦時中に入信していた妻の円谷マサの影響もあり、戦後にクリスチャンになる。

後にGHQから日本の民主化、平和化の一つとして、あらゆる分野で公職追放が実施された。映画界では、城戸四郎、永田雅一、森岩雄、大沢善夫、根岸寛一などの太平洋戦争中の映画会社の代表たちが公職追放の対象になった。いくら戦時中の戦意高揚映画の特撮に貢献したからといって、一技術者に過ぎない円谷英二が公職追放されたのは今から考えると不思議である。ただ、映画『ハワイ・マレー沖海戦』のハワイ真珠湾攻撃の特撮シーンを実写だとアメリカ側が誤解したこともあったようだから、円谷を軍事作戦の関係者だと思ったのかもしれない。詳細は後述するが、円谷英二は、軍事シミュレーション映画によって、真珠湾攻撃の成功を作り出した軍関係者だったとも言えるのだから。

戦後、日本は日本国憲法で平和国家として再出発した。だが、一九五〇年の朝鮮戦争をきっかけとして、吉田茂内閣は再軍備の道を選び、一九五四年七月には自衛隊を発足させた。その時に、ゴジラ＝円谷は、日本人に対し「お前たちは、また、愚かな戦争をするのか！」との強い問いを持って東京湾に現れ、上陸して再び米軍の大空襲の破壊の恐怖を教えた。だから、その戦争の恐怖と反戦への願いを日本人が理解したとき、ゴジラは再び海に帰ったのである。『ゴジラ』の魅力と円谷英二について、松竹にいて、映画『君の名は』で円谷と出会った特撮監督の矢島信男は次のように書いている。

昔のゴジラって、凶悪な怪獣なんだけど、どこかユーモラスなところがありますよね。ゴジラという巨大な怪獣の、強いところ、弱いところをきちんと描いてくれたから、子供には人気があった。円谷さんのつくるものは、やはり基本的に子供を楽しませようという姿勢があるとこが好きだね。人を楽しませるコツというものをよくわかっていた人だったたから。

（矢島信男「円谷さんは気さくな作家だった」『素晴らしき円谷英二の世界』）

そのとおり、ゴジラのやさしさ、ユーモアは円谷英二その人のものなのである。だから今でも子供から大人まで、世界中で愛されているのである。

さて、個人的な話になって恐縮だが、私が東宝の特撮映画を最初に見たのは、一九五六年小学校一年のときの『空の大怪獣ラドン』で、五歳上の姉に連れて行ってもらった。古代怪獣のラドンが九州の阿蘇山から現れ北九州を襲う作品で、東宝の特撮映画では最初のカラー作品だった。私には、このラドンが食べるメガヌロンの奇怪な「キリキリ」という金属的な声が非常に怖かった記憶がある。後に、ある夜部屋で寝ていると、このキリキリという声がする。「メガヌロンめ、この東京まで来やがったか！」と思うと、隣の女性が歯ぎしりをしているのだった。

翌一九五七年の最初のカラー・シネマスコープ作品『地球防衛軍』は、一人で見に行って大変な感銘を受けた。まず、富士山の裏の西湖が神秘的だった。そこに現れる宇宙人ミステリアンと電子音のそれまで聞いたことのない響き。完全に東宝の特撮映画と円谷英二のとりこになった。このミステリアンの「地球のみなさん！」という、声を押し殺して喉の奥から出す台詞を、家に戻ってから何度も家族の前で披露したのだから、相当なものだった。個人的には、最初の『ゴジラ』を別格として、『地球防衛軍』『世界大戦争』『マタンゴ』そして『モスラ』が円谷英二と東宝の特撮映画の最高作品だと私は思う。

その後、一九八〇年代に横浜黄金町の映画館シネマ・ジャックで、大庭秀雄監督の一九五三年から翌五四年にかけて作られた『君の名は』を見た。第一部から三部までの一挙上映だった。その第一部、一九四五年五月二十四日の東京大空襲のなか、主人公・後宮春樹（佐田啓二）と氏家真知子（岸恵子）が数寄屋橋で遭うシーンを見て驚嘆した。B29による空襲の特撮が、怖いほどのリアリティを持っていたのだ。「松竹にこんなすごい特撮をする人間がいたのか！」と思ったが、これは、松竹のスタッフではなく、円谷英二によって作られた特撮場面であり、タイトルにはきちんと円谷英二の名が記されている。

戦後GHQの指令で一九四八年に公職追放された円谷英二は、一九五三年当時、東宝を離れてフリーとなり、各社で特撮の仕事をして日々の糧を得ていた。また、米軍のジープに似せた玩具や須賀川の実家用のアイスキャンディー製造機、また自動写真機なども開発していたというのだから、戦後社会の混乱に驚いてしまう。要は、将来が見えないなかで、皆その日暮らしだったというのが実情だろう。円谷が特撮を担当した映画には、かつて東宝の同じ仲間で、東宝争議以後、独立プロでやっていた山本薩夫の一九五一年の映画『箱根風雲録』もある。この一九五三年というのは、大変に興味深い年で、一九五〇年に警察予備隊として発足した「戦力なき軍隊」は、一九五二年に保安隊になり、一九五四年に正式に自衛隊になった、そのちょうど中間の年であった。

私のゴジラ＝円谷英二説の補強として、『ゴジラ』をはじめとする、ほとんどの東宝・特撮映画の製作を指揮した田中友幸の評伝『神《ゴジラ》を放った男』に書かれている一文をあげたい。著者の田中文雄は、田中友幸のもとで実際に仕事をし、自らも何本かの特撮映画を製作した人物である。一九五四年『ゴジラ』（および一連の宇宙映画）製作の背景には、この時期のアメリカ映画界の流行、『宇宙戦争』『禁断の惑星』『宇宙征服』『遊星よりの物体X』といった怪獣物や宇宙物のヒットがあったことはよく知られているが、こうした作品が好きで、当時から同時代的に見ていた田中文雄は、円谷作品と比較して次のように語っている。適評である。

『禁断の惑星』は本格的ＳＦとして評価されるし、事実、潜在意識「イド」の怪物という概念はとても面白かったが、映像としてはあまりパットしなかった。ただしアン・フランシスの超ミニ・スカート姿は恰好良かった。いずれにせよキングコングを超えるキャラクターはまだ洋画の中に登場していなかったのである。『ゴジラ』はまさしく『キングコング』の生まれ変わりに位置したし、『地球防衛軍』のようなワイド・立体音響の明るい画面の特撮映画は、『禁断の惑星』以外洋画にも見られなかった。『地球防衛軍』は田中友幸の童心が生み出した東宝カラーの世界的な名品であったのだ。

（田中文雄『神《ゴジラ》を放った男――映画製作者田中友幸とその時代』）

3　円谷英二という人

円谷英二は、調べると非常に興味深い面白い人である。基本的には大変まじめなのだが、人を担いだり、時には平気で嘘を言って楽しんだりするような人であったらしい。彼は映画の特撮、特殊撮影をやったわけだが、特殊撮影とはトリック撮影であり、他人をだます、トリックをしかける技術のことである。そうした他人をだます技術の担当者が、そうしたことが好きだというのは、ある意味で当然である。そもそも、映画の本質の一つにはトリック技術があり、映画初期の代表的作家ジョルジュ・メリエスに特撮を駆使した一九〇二年の『月世界旅行』があるくらいで、劇映画と特撮は極めて関係が深いのである。円谷英二の有名な記述に次のような『ハワイ・マレー沖海戦』の撮影についての説明がある。映画製作に際し、海軍省は資料を出してくれず、大変に苦労したというのだ。

やむを得ず私は新聞写真を見て、水柱と軍艦の比率からすべての寸法を割り出すことに決めた。……（中略）次に建築物の大きさは、軍艦上の人物（写真に写っていた）の身長から割り出して決め、最後に地形に及ぼしていった。

（「トリック映画今昔談――特殊撮影技師として歩いた四十年――」「中央公論」一九五七年十月号）

本当かねと思うしかない。今ならコンピューターを駆使すればできるかもしれないが、身長と軍艦の比率から割り出したなど、ほとんど法螺話ではないだろうか。多くの円谷英二本が、この話をもって、円谷の天才の証拠としているが、どうだろうか。天才は天才でも、嘘の天才であるというべきなのかもしれない。彼は、ロケ先で雨天待機の暇つぶしに時計を直し、驚く女中たちに、「こういうものは雨が降っていると、湿気の関係でうまく直るんだよ」「時計というものは地磁気の影響を受けやすいから、東を背にして十時の方向に置くのがいちばんよい」と言い、スタッフが真偽を聞くと「そんなことあるわけないじゃないの」と答え、女将や女中らの驚きぶりを思い出しながら笑ったという。また、「空中を飛ぶ飛行機は、どうやって爆発させているんですか?」と子供に聞かれた際には、「あれは火薬をピアノ線で吊っておいて、そこに飛行機をぶつけて爆発させているんだよ」などと、とぼけた返事をしたという挿話もある。要は、楽しい嘘の天才というべきであろうか。円谷の後に東宝の特技監督となった中野昭慶も言っている。「嘘は、徹底してつかないとダメなんですよ。どこまでこだわれるかということで」同様のことは、ゴジラのプロデューサーの田中友幸もどこかで言っていたはずだ。

では、どのようにして円谷英二は、ハワイ真珠湾の地図や米軍艦などの資料を得たのだろうか。答えは簡単である。一九三九年に東宝に航空教育資料製作所ができ、そこで多数の軍事シミュレーション映画を作っていたとき、海軍の担当者から資料を提供されたと考えた方が自然だろう。そこは、海軍の委託工場になっていて、多くの海軍軍人も出入りし、中には神風特別攻撃隊を考案し、「特攻の生みの親」と呼ばれる大西瀧治郎中将もいたというのだから、かなり上位の軍施設ということになる。作品には、明らかに真珠湾攻撃のシミュレーション映画と思われる『水平爆撃理論・三部作』（撮影玉井正夫・監督大石郁夫ほか）などがあるのだから。残念ながら、戦後すべてのフィルム、シナリオ、写真等は焼却されているので正確に知ることはできないが、次の証言は数少ない貴重なシナリオの一部である。

線画室長大石郁雄の構成した『爆撃理論』のシナリオは次のような画面で始まる。

S＃1（ナレーション）

「飛行機が高度千メートルで飛行中、A点で爆弾を投下すると、海上の目標に命中した時、飛行機はB点に到達する。これを仮に真空状態で爆弾投下すると、A点で投下された爆弾は、絶えず飛行機の真下にあって放物線を描きながらC点の目標に弾着命中する。この時飛行機は目標C点の真上のB点にある。

しかし現実の爆弾投下は真空中ではなく通常空気中で行う」（ここで画面は真空状態の黒バックから、O・L《オーバー・ラップ》で現実の青空に入道雲と海面が現れる）

（ナレーション）

「現実の爆弾投下は空気中で行うため、A点で投下された爆弾は空気の抵抗をうけ、飛行機がB点に到達した時、爆弾は目標よりうしろへずれてD点に弾着する。ずれは風向風速によって異るが、C点からD点の距離を『追従《ついじゅう》』と言う。そしてBとCDの角度を追従角『θ《シータ》』と呼ぶ」

大石の作成したシナリオを、ボクはストップウオッチで秒数はかり、カット割りして絵コンテニュイティに仕上げる。

画面は幾何学的図解で三次元描写になるが、動きは高度な線画処理で見せ、将校下士官の生徒たちが実地訓練と併用すれば、それまでの静止画教材とは違って映像の教材は格段の教育効果を挙げた。

鈴鹿航空隊の目ざましい映画教材効果が注目され、陸軍省でも『浜松陸軍重爆隊』の教育に導入して教材映画製作を東宝に委託してきた。

東宝はこれに対応して、以後はこれらの部門に超一級の技術者を投入してメンバーアップをはかった。海軍側には、それまで『馬』（山本嘉次郎監督）のB班（黒澤明助監督と共に）についていた唐沢弘光カメラマン、完倉泰一助手を投入。

陸軍側には『燃ゆる大空』を終わったばかりの宮島義勇カメラマンを投入して強力態勢でのぞんだ。線画はボクが海軍、市野正二が陸軍という配置で『特別映画班』という、世間には正体を隠す、隠密シャドースタッフ組織を編成した。重役首脳陣でも社内ではスタッフ当事者以外は全く存在すら知らない厳重な箝口《かんこう》令下にあった。ボクは渋谷の孔版《ガリバン》印刷会社にシナリオ、絵コンテの印刷、製本に立ち会い、印刷後は通しナンバーを検印の上、そこの庭で使用ずみ原紙類を完全焼却まで見届けて帰れと命じられた時は、（この仕事ただごとではない）という恐怖感すら感じたほどである。

翌昭和十六年の夏までには『鈴鹿海軍航空隊教材映画』『水平爆撃の理論篇』『実際篇』『応用篇』（各四巻シリーズ）が順次完成した。

（うしおそうじ『夢は大空を駆けめぐる――恩師・円谷英二伝』）

この日（一九四一年十二月八日）、同年春に映画『水平爆撃法』で鈴鹿航空基地の撮影に従事したうしお（うしおそうじ＝鷺巣富雄）は、真珠湾攻撃で、実際に魚雷の水平爆撃が行われたことを知ったときの驚きを書いている。夕方、彼はプロデューサーの湯原甫に呼ばれて、撮影所に行く。

「昼頃、鈴鹿航空隊の丸山大尉から経堂の自宅（湯原の）へ直接電話が入り、真珠湾攻撃に鈴鹿の『水平爆撃隊』も攻撃に参加して多大の成果を挙げたとの電話を受けた。これは、東宝特別映画班の大石、鷺巣（うしお）コンビの作成した教材映画貢献のたまものであるとの感謝の電話だったよ。早速、経堂の近所に住む大石と相談した結果、非公式ながら森岩雄所長に知らせねばと、たったいま所長に報告してきた。森所長も大変喜んでいた」と告げられる。ボクはあまりのことに胴震いした。（うしおそうじ／前掲書）

鷺巣の実弟で、テレビ・アニメの草分け企業のＴＣＪ（現エイケン）のプロデューサーとして活躍した鷺巣政安も次のように語っている。

鷺巣　当時、東宝は軍部とつながっていたから、兄貴のいた部署（線画課）は、陸海軍の教材映画を作っていました。今でいうシミュレーション映画ですよ。たとえば、飛行機からどのようなタイミングで爆弾を落とせば上手く目標に当たるかというのを教えるのは、アニメがいちばんなんだよね。実写じゃ無理。そうやって軍部に協力することで当時統制品だったフィルムを確保して、娯楽作品の製作にあてたわけです。

但馬　当時フィルムに使われるパラフィンは爆弾の材料でしたからね。うしお先生が海軍の嘱託で作られた教材アニメ『水平爆撃／理論編・実践編』は真珠湾攻撃のパイロット用のシミュレーション映画だったそうですが、日米開戦の直後、「お前の作った映画を見た兵士が真珠湾に行ったんだ」と先輩から聞かされて大変驚かされたそうです。

鷺巣　軍の教材映画のおかげで、俺たちの一般映画も作れるんだというので、当時のスターさんたちからも大変ありがたがられていました。円谷さんや鷺巣さん、特技課のおかげだってね。のちに兄貴が出征するわけだけれど、演技課を代表して長谷川一夫が音頭を取ってみんなで日の丸に寄せ書きをしてくれたんです。兄貴は、その日の丸を背負って兵隊に行った。甲種合格ではなく第二乙だったと思う。兄貴は喘息持ちだったし、そのころになるともう多少、体が弱くても兵隊に取られていたから。

（鷺巣政安・但馬オサム『アニメ・プロデューサー——鷺巣政安・元エイケン制作者』）

二〇一三年に私は『黒澤明の十字架』（現代企画室）を出し、サブタイトルを「戦争と円谷特撮と徴兵忌避」とした。この時、「これはあたかも円谷特撮と黒澤映画が関係しているように見せかける」本を売るための偽りだとのご批判をいただいた。確かに円谷が所属した航空教育資料製作所は、東宝本体の砧撮影所から少し離れた高台にあり、黒澤や山本嘉次郎らの「下の撮影所」にいた人間はよく知らなかっただろうと思う。だが、衣笠貞之助監督で長谷川一夫主演の一九四〇年の『川中島合戦』も、黒澤明監督の一九四三年の『姿三四郎』も、こうした東宝全体の収益構造の中で作られていたものである。円谷特撮と黒澤映画は決して無関係ではなく、一つ屋根の下の会社の中の出来事なのである。

うしおそうじは、戦後、漫画家などもしたが、一般によく知られているのは、ピー・プロダクションを設立し、テレビ映画『マグマ大使』『怪傑ライオン丸』を作ったことである。

では、なぜ円谷英二は『ハワイ・マレー沖海戦』の製作過程について、事実と異なる説明をしたのだろうか。それは、同作品で劇映画部分を担当した監督の山本嘉次郎への配慮だと私は推測する。山本は一九〇二年生まれで、一九〇一年生まれの円谷とは同世代だが、映画界でのキャリア、名声は山本の方が遥かに上で、東宝の映画責任者・森岩雄との関係も非常に深く、いわば東宝の最上位の監督である。だが、円谷英二が仕事をしていた航空教育資料製作所は、秘密スタジオであり、恐らく山本嘉次郎はその実体をほとんど知らなかったのだろう。そして、『ハワイ・マレー沖海戦』の準備では、海軍省の非協力で苦闘している山本に対して、「俺はとっくに知っているよ」と円谷は言えず、「水柱と軍艦の比率から云々」の話が出てきたのではないかと私は思う。この映画の準備については、山本嘉次郎らの非常に有名な話がある。映画の準備の時、海軍が航空母艦の資料を一切出してこなかったことに続いて山本は書く、これでは、何を基礎にして航空母艦のセットを作ったらよいか。「実体を知らないものが、その模型の作りようがないではないか」と海軍の情報当局にネジ込んだら、「キミたちは、実体を知らなくとも、竜宮城のセットを作るではないか」と逆襲された。てんでお話にならぬのである。

（山本嘉次郎『カツドウヤ水路』）

大変に面白い話で、最初読んだとき「海軍には随分と気の利いたことを言う人間がいるもんだな」と思った。だがよく考えると、戦前に竜宮城が出てくる有名な映画はないので、この台詞はかなりおかしい。美空ひばりに『踊る竜宮城』はあるが、一九四九年の松竹映画である。となると、この話自体が山本嘉次郎の作り話なのでは、と思えてくる。この「竜宮城云々」の話は、助監督だった広澤栄など当時の東宝の人間は、海軍の何人もの関係者から聞いたと書いている。複数の海軍の軍人が「竜宮城」と言っているのはおかしいので、これはやはり東宝の関係者、つまり山本嘉次郎が作り、社内で吹聴した物語だと思う。東宝の名優・小林桂樹は、群馬県前橋市の出身で、戦前は日活に所属し、一九四二年の名作『将軍と参謀と兵』では二等兵を演じた。一九七〇年の東宝の8・15シリーズの『激動の昭

和史　軍閥』では東条英機になり、「二等兵から大将までを演じた」稀有な男優であり、今後こうした経歴の俳優は出ないに違いない。その小林が、ある時山本嘉次郎監督の作品で一緒に群馬県へロケに行った。すると、博識の山本は例によって「君……群馬はねえ……」といつもの蘊蓄を周囲のスタッフに披露し始めたそうだ。だが、そのほとんどが間違いであり、地元出身の小林は笑いをこらえるのに苦労したという。このように山本嘉次郎の証言は「よくできたお話」であり、そのまま実話と信じることは危険だと私は思う。

一方、うしおそうじによれば、この戦中期のことを円谷英二は、戦後ほとんど話さなかったという。そこには円谷の忸怩《じくじ》たる想いを感じるのは私だけだろうか。彼は常に黙々と仕事をこなす、いわば職人的な人で、楽天的でなんでも気楽に口にするインテリの山本嘉次郎とは正反対であった。うしおは書いている。

ボクの見たところ、サラリーマン・プロデューサーに対して決して本心を打ち明けなかった様子が窺える。田中友幸、藤本真澄、もっと言えば森岩雄に対してすら円谷英二は心底を明かさず、いざという時は沈黙してテヘラヘラと肚の中で笑って消え入る態度を取っていた。……（中略）円谷は、酔いどれても一線から踏みはずさなかった。

ただ笑ってごまかしてしまう。酒の呑めない林長二郎が円谷英二につけた仇名が「テヘラ亭」である。

（うしおそうじ／前掲書）

さらに、戦後の山本嘉次郎も、どういう理由からかはよくわからないが、ほとんどアルコール依存症のような状態だったといわれる。そこには、戦時中の『ハワイ・マレー沖海戦』『加藤隼戦闘隊』『雷撃隊出動』などの戦意高揚映画を作ったことへの自責の念もあったのではないかと思うのである。

航空教育資料製作所の作品はすべて戦後焼却したと言われているが、私の調査では二本現存している。一つは、インドネシアやマレー半島での現地撮影を再編集した文化人類学的な映画『南方だより』で、東京国立近代美術館フィルムセンターが保有している。もう一本は、川崎航空機の後継会社の川崎重工業の各務原工場に一九四二年の『陸鷲の記録』があり、各務原航空宇宙博物館でその一部が展示品として上映されている。さらに、川崎重工業各務原工場にはコピー・ビデオがあり、特別な顧客には見せているということだ。このように、東宝は戦後すべての作品を焼却したが、作品の納入先の工場や企業は、そのようなことはしていないので、日本のどこかに残されている可能性はある。今後の発掘を待ちたいところである。一九四〇年の木村荘十二監督の東宝の『海軍爆撃隊』も、戦後は行方不明とされていたが、某コレクターのところにあり、現在ではＤＶＤ化されているのだから。

4　東宝入社までの円谷英二

円谷英二（本名円谷英一）は、一九〇一（明治三十四）年七月、福島県須賀川に生まれた。この年は、昭和天皇が生まれた年であり、戦後七年八カ月という長い任期（歴代二位）の総理大臣を務めた佐藤栄作も生まれている。映画界では、日本映画史上最高の男優・阪東妻三郎、脚本家・監督として円谷とも日活で親しくなる、映画「座頭市」シリーズの最初の脚本家・犬塚稔もこの年の生まれである。

円谷の生家は麹屋で、町の中心部に店を持つ裕福な商家だった。三歳で実母をなくすが家庭は幸福で、学校の成績はよく、特に絵が上手だった。母方の四代前の祖先には、日本画家で藩主松平楽翁公にも気に入られた画家・版画家の亜欧堂田善がいたので、英二の絵のうまさは祖先からの血だろう。

一九一〇年に東京の代々木練兵場で、徳川好敏大尉がフランスのアンリ・ファルマン機で日本最初の飛行を行ったことを知り、英二は、俄然飛行機への興味がわき飛行機を操縦したいと一九一六年の秋に上京、月島製作所に就職したが一カ月で退社し、羽田にできた日本飛行学校に入学する。だが、生徒がたった四人しかいなかったこの学校は、翌年の飛行機事故で教官が死亡し閉鎖される。

円谷は、東京工科学校（現・東京電機大学）に籍を置き、同時に玩具会社で仕事をする。飛鳥山での酒宴で枝正義郎という天然色活動写真（天活）の技師長と知り合いになり、映画界と最初に接触する。枝正は、映画芸術協会を作る帰山教正らとともに、黎明期で低レベルの日本映画の革新を目指していたが、天活の経営は不振で、天活は国際活映（国活）に吸収される。一九一九年の国活の『哀の曲』（監督・枝正義郎）が円谷の最初の撮影作品で、国活では一九二五年の『延命院の傴僂男』があり、監督は内田吐夢だった。

福島での二十歳の兵役終了後、彼は姓名判断で、英一を英二に改名する。そして再び上京し、一九二三年の関東大震災後の惨状を見て驚愕するとともに、多くの映画人が移っていた京都に行った。国活時代の知り合いのカメラマン・杉山公平の伝手で、一九二六年に衣笠貞之助が設立し、新感覚派と呼ばれた衣笠映画聯盟に入り、杉山の下で本格的にカメラマンの修業を始める。この時の衣笠貞之助の有名な作品が、表現主義の名作で極めて前衛的な『狂った一頁』である。

　杉山は、衣笠貞之助や溝口健二らからの信頼もあつい名カメラマンで戦後の一九五三年、大映における衣笠作品『地獄門』では、カンヌ映画祭のパルムドールを受賞するなど、三浦光雄や唐沢弘光らと並び、サイレント時代から日本映画界を代表する撮影技師の一人である。

　明るい画調の「ハイ・キー」の杉山に対し、円谷はやや暗めの「ロー・キー」の円谷英二として、次第に松竹下加茂撮影所、さらに日活太秦撮影所といった京都映画界で名を知られるようになる。特に一九二七年、松竹が時代劇の二枚目スターとして大々的に売り出した林長二郎（長谷川一夫）主演の『稚児の剣法』では、一人二役を合成で処理した特撮技術が話題を呼び、大いに評価された。ちなみに、この映画の松竹の宣伝は物凄く、「みいちゃん、はあちゃん」ともいわれる「ミー・ハー族」という言葉は、若い女性の「みつまめ好き」と「林長二郎好き」から生まれ、流行させたと言われている。

　新しいものが好きで、非常に研究熱心な円谷は、スクリーン・プロセスやクレーンなどを自分で工夫し、自費で製作もしたが、かえって旧態依然たる京都のスタッフや会社からは、変人として扱われた。松竹から日活へと移籍しても、彼は孤独な変わり者の技師に過ぎなかった。だが、新たにトーキー映画を目指して関西で新規に参入してきたＪ・Ｏスタヂオの社長大沢善夫（大沢商会社長）に技術を評価され、円谷は一九三四年にＪ・Ｏに入社する。前年の八月、円谷は京都の朝日会館でアメリカのＲＫＯ製作の映画『キングコング』の試写を見て、特撮の素晴らしさに驚嘆、本格的に特撮の道に進むことを決意していた。密かにプリントを入手してきて、フィルムの一コマ一コマを調べたというのだから、相当である。

Ｊ・Ｏ時代では、一九三七年二月公開の日独合作映画『新しき土』の撮影を担当したことが重要である。彼は、この時、自作のスクリーン・プロセスを使用し、ドイツ人監督アーノルド・ファンク（日本側監督は伊丹万作、主演は原節子と早川雪洲で、現在見るとかなり変なトンデモ映画だが）からも高く評価された。これによって円谷は自分の撮影技術が世界的な水準であることを知り、大いに自信を得たのである。

一九三七年九月にＪ・Ｏが東京のＰＣＬと合併して東宝映画になり、彼は東京の砧撮影所に移る。この時、かねてより円谷の技術に目を付けていた東宝映画の責任者・森岩雄によって、円谷英二のために特殊技術課が作られ、彼はそこの課長（課員なし）に就任する。黒澤明の伝記でも、戦争末期のことは正確には書かれていないように、多くの有名人の伝記には不明な事実が多く、このわざわざ多額の報酬で招かれたはずの円谷が、東宝の特殊技術課で何をしていたかは、ほとんど書かれていない。円谷英二の経歴で詳細が書かれていないのは、一九四〇年前後のことである。いったい、この時期彼は東宝の撮影所で何をしていたのだろうか。彼は撮影所で遊んでいて仕事をしていなかったのだろうか。そんなことはありえない。わざわざ京都の日活から高額の報酬で引き抜いてきた彼に、東宝は十分に活躍する場を与えていたはずである。それが資本家、経営者というものである。

円谷がしていたこと、それは、一九三九年に東宝の中に新たに作られた合資会社航空教育資料製作所という会社での仕事であった。では航空教育資料製作所とは何か。それは、主に海軍からの依頼に応えて、戦闘機などの搭乗員に向けて、操作法、戦術、戦略などを映像で教えるものだった。とはいってももちろん、私は見たことはない。戦後、東宝はフィルム、スチール写真、シナリオ等の製作の証拠をすべて焼却してしまったからである。

また、京都のJ・Oと東京のPCLとの合併によって、二人の重要な監督がJ・OからPCL撮影所に移籍している。今井正と市川崑である。市川はまだアニメーション部門の助監督だったが、今井は一九三七年から『沼津兵学校』を監督しており、俳優が召集されるなどして時間がかかったものの、一九三九年に東宝京都作品として公開されることになる。

特撮といえば、合成やスクリーン・プロセス、ブルーバック合成などで、現実にはありえない情景を作り出す技術だが、うしおそうじは、特撮の意義について次のようにも書き、撮影時の事故防止にも有効だとしている。それは原節子の実兄で、東宝のカメラマンだった會田吉男が一九五三年の映画『白魚』の御殿場駅で遭遇した七月十日の事故のことである。異常にまじめだった熊谷久虎監督は、画面に向かって疾走してくる蒸気機関車を正面から撮影することをカメラマンに要求した。監督の指示は絶対である。撮影は夜七時、ぶっつけ本番で行われた。機関車の運転手は、強烈なライトに目がくらみ、運転を誤って予定地点で止められず、會田はカメラと一緒に吹き飛ばされて翌日に死んだ。この場面を原節子は見ていたが、一カ月後、彼女は小津安二郎の名作『東京物語』に出演している。目の前で実兄が死んだのを目撃した原節子の心中を察するにあまりある悲惨な事故で、うしおには、これが原節子の四十一歳での引退の原因ではないかと推測している。だが、うしおによれば、線路上に四十五度の角度で鏡を置き、線路の外にカメラを置いて撮影すれば容易に避けられた愚かな事故だという。

また一九三〇年代には、一九三六年のベルリンオリンピック大会を記録した『民族の祭典』『美の祭典』や、ニュールンベルグでのナチス党大会の記録『意志の勝利』など、ドイツの優れた記録映画も日本に輸入されて話題になった。いずれも監督は、レニー・リーフェンシュタールである。政府による映画法の制定のこともあり、文化映画、記録映画への関心も高まっていたが、その中で、カメラマンや監督の間で問題になっていたのが、「実写か特撮か」だった。同じ会社の東宝のカメラマンで、共産党員でありながら「宮島天皇」と呼ばれた宮島義勇は次のように円谷を批判している。

円谷英二は優れた技術者で、その頃の映画技術を最も科学的に処理出来る人だった。「映画の表現力の技術拡張」が彼の理念だったが、僕は「映画技術が現実に立ち向かうことによって映画技術は発展するのであり、現実から遊離して逃避するならば、映画技術は袋小路に追い込まれることになる」と批判した。『燃ゆる大空』（一九四〇年）では、彼が特撮で撮影した部分はほとんど使わなかった。特撮シーンを本物の間に入れると、逆効果になることが多く、撮り直しをしなければならなかった。本物の飛行機の不時着シーンを見て、あの温厚だが、厳しい意見を言う円谷英二が苦笑してこう言った。「本物はやはり本物だね」。

（宮島義勇『「天皇」と呼ばれた男』）

この宮島の批判の続きには、円谷英二が特撮を担当し、木村荘十二が監督した一九四〇年の『海軍爆撃隊』を評価していない箇所があることが興味深い。なぜなら木村も宮島も、かつては同じ左翼映画陣営の同志だったからだ。その組織にプロレタリア映画同盟、プロキノがあり、一九二九年に結成されて三四年に解散させられたが、木村は中心メンバーだった。さらにそこには、ＰＣＬの文化映画課長や中華電影公司製作部長になる松崎啓次、ＰＣＬで企画者になる能登節雄、芸術映画社や松竹のアニメーター瀬尾光世、記録映画監督の上野耕三、厚木たか、評論家岩崎昶、カメラマンの井上莞などもいた。木村は戦時中の一九四一年に映画演出指導のために招かれて、東宝から満州映画協会に行く。戦後もすぐには帰国せず、中国で映画技術を教え、日本に帰国後は大手映画会社ではなく、中小の記録映画や地域での上映運動に専念した。木村荘十二は、いわば、常に下から現場で映画にかかわっていた監督だった。だが、宮島は戦前・戦中・戦後といつも指導的立場にいて、関係者に上から指示、命令する理論家だった。この共産党の二人の立場と円谷英二を比較すると、円谷は、木村に近い立場の、いつも現場で考え作業する職人的な技術者だったと私は思う。

5　映画産業ができるまで

東宝は、ＰＣＬなどと関西の阪急資本が中心になって合併や吸収を繰り返し、一九四一年にできた映画と興行の企業である。その前に、日本で映画界に入ってきた若い才能について簡単に触れておく。

江戸時代末期、江戸、大阪、京都、名古屋などの大都市には、幕府から許可されて歌舞伎を上演する常設の大きな芝居小屋があった。中村座、市村座、森田座は「江戸の三座」といわれていたが、その他には、小芝居と呼ばれる小規模の芝居小屋もあった。さらに、各町内には寄席があり、そこでは落語、講談、義太夫、音曲などの芸能が上演されていて、庶民が気軽に見に行くものだった。明治末に東京では、約百四十の寄席があったといわれているが、こうした寄席は、映画（活動写真）の普及によって、次第にその多くが映画館（活動小屋）に転換し、また、映画の普及を見て新たに館をつくる者も出てきた。

日本における映画の上映は、一八九六年十一月、神戸でのエジソンのキネトスコープが始まりだが、リュミエール兄弟のシネマトグラフによる上映は、一八九七年一月の京都が最初で、東京では一八九九年の歌舞伎座での上映が最初である。現存する最も古い日本映画としては、同年柴田常吉によって撮影された『紅葉狩』がある。一九一二年には、横田商会、吉沢商店、M・パテー商会、福宝堂という四社の合同で、日本活動写真株式会社、日活ができた。そして一九二〇年には関西の歌舞伎興行会社・松竹によって松竹キネマができる。

こうして次第に映画会社ができていったが、同時に新たに生まれたのが映画雑誌や活動弁士、そして映画雑誌や当時は映画館ごとに作っていた作品解説パンフレットの記事を書く執筆者である。この活動弁士と執筆者は、新たにできたものなので、そこには多くの才能のある若者が参入した。活動弁士、活弁は、サイレント映画がトーキーになって不要になり、後に多くの者は俳優や漫談家に転向し、徳川夢声、牧野周一、大辻司郎らが成功した。また、小津安二郎映画の脇役で知られる俳優の北竜二も、活弁の出身である。PCLの第一回作品、一九三三年の『ほろよひ人生』から、伊丹十三監督による一九八四年の『お葬式』にまで出演した名脇役の藤原釜足は、サイレント時代の映画館の楽士（ヴァイオリン）

出身である。

雑誌「キネマ旬報」の執筆者、投稿家には、俳優で声帯模写の元祖・古川ロッパ（彼は「キネマ旬報」の創始者の一人でもあった）、黒澤明の兄で活動弁士にもなるが二十六歳で自殺してしまう黒澤丙午（須田貞明）、ＰＣＬの撮影所の責任者から、戦後は東宝の取締役となる森岩雄らもいた。こうした多方面から様々な若い才能が集まって日本映画は次第に産業としての形を整えていくのである。その中で、近代的なエンターテインメント産業を目指してスタートした企業が、言うまでもなく東宝なのである。

6　東宝の複合性

東宝は、東京世田谷区砧にトーキー映画の録音会社として一九二九年に発足したＰＣＬ(Photo Chemical Laboratory 写真科学研究所）と、同様に一九三三年京都で録音スタジオとして創設されたＪ・Ｏスタヂオが、一九三七年九月に統合されてできた東宝映画株式会社を始まりとする。その会社を、有楽座、日本劇場を所有した阪急グループの株式会社東京宝塚劇場が吸収合併し、一九四三年十二月に東宝株式会社になった。これを指揮したのが、よく知られているように阪急電鉄のリーダーの小林一三である。

当時日本には、日活、松竹の二大会社の他、新興キネマ、大都映画、東京発声映画、南旺映画など約十社の劇映画会社があり、その他にニュース映画、記録映画、漫画映画などの文化映画を作る中・小のプロダクションが約二百社あった。それらは、一九三九年の映画法によって、最終的に劇映画は、松竹、東宝、大映の三社に、二百社以上あった文化映画は、日映文化映画部、理研科学映画、朝日映画、電通映画の四社に、ニュース映画は、『日本ニュース』を製作・配給する日本映画社に統合される

そうした中で東宝は、一九四一年十二月八日に始まる太平洋戦争中、開戦一周年の一九四二年十二月には、ハワイの真珠湾攻撃とマレー沖の海戦を描いた山本嘉次郎監督の『ハワイ・マレー沖海戦』を作って大ヒットさせるなど、戦争に積極的に協力した、軍と極めて関係の深い会社だった。山本だけでも、『ハワイ・マレー沖海戦』の他、『加藤隼戦闘隊』『雷撃隊出動』（共に一九四四年）の戦争映画を作っている。(註1)

東宝の当時の有価証券報告書等の内部資料を見るために、国会図書館の上場企業の会計関係の資料をマイクロ・フィルムで閲覧した。すると、サービス部門で当時上場されていたのは、大半が大劇場等の興行会社で、映画製作では、東宝の他、日活、松竹、大映のみだった。

一九四三年二月、株主総会で報告された東宝映画株式会社『第十一回事業報告書』（現在の有価証券報告書にあたり、戦前は「営業報告書」等の名称だった）の「営業概況」は、当期の業績を次のように誇っている。

当社に於いてはこの間の大東亜戦争第一周年を期して、『ハワイ・マレー沖海戦』を封切公開し開戦劈頭の大戦果を再現し全国民に偉大なる感銘を与えると共に国民志気振興に寄与することを得大本営海軍報道部より感謝状を授与されたことは光栄且つ欣快とするものなり。

（『営業報告書集成（マイクロ資料）第1集〜9集』）

〈損益計算書〉

収入	営業収入	4,751,768円38銭
	諸作業益	204,559円68銭
	雑　　益	5,923円43銭
支出	制作費	2,075,434円20銭
	営業費	2,166,556円69銭
	総掛費	278,730円34銭
	固定資産等償却費	149,763円04銭
当期営業利益		291,766円22銭

戦前、戦中の東宝の事業報告書の「損益計算書」を見ると、他の映画会社にはない大変特殊な項目がある。例えば、第四回報告書（一九三九年二月一日〜同年七月三十一日）の損益計算書の収入及び支出は上のように記載されている。

この収入の内の「諸作業益」は、中身の説明がないので詳細はわからないが、外部（軍や国）からの映画の製作受託による売上と推測される。それは、東宝の初期の場合、各期のほぼ利益額に相当する二十万円から十万円の安定した収入をあげている。他の松竹、日活、大映などの各社の「営業報告書」中の「損益計算書」を見ても、東宝のような諸作業益は見当たらない。松竹では、興行収入と雑収入、日活では営業収入と雑収入、大映では直営館収入、配給館収入、販売収入、雑収入のみである。もちろん、この雑収入の中に製作受託収入が含まれている可能性もあるが、どちらも雑収入自体が営業収入や興行収入の数パーセントにすぎず、東宝のように会社の利益構造に大きく寄与するものにはなっていない。

今日、山本嘉次郎らの東宝の戦争映画を見ると、決して単純に戦争をアジテーションするだけの戦意高揚映画ではない。だが、山本監督の『ハワイ・マレー沖海戦』をはじめ、『加藤隼戦闘隊』や『雷撃隊出動』の円谷英二特撮の航空機の戦闘シーンには、「血が騒ぐような」興奮があり、また機内の精密な描写には大変すぐれたリアリティがあって、十分に戦意高揚の効果をあげている。

『加藤隼戦闘隊』は、陸軍航空隊の太平洋戦争緒戦の南方作戦で武勲を立て、一九四二年の戦死後「軍神」と崇められた、加藤健夫の豪放磊落な性格と勇敢な姿を描く映画である。主人公加藤健夫役の藤田進や同僚の灰田勝彦、そして作品全体も、やたらに明るい。まるで藤田や灰田は、スポーツ選手のように明るく軽やかに戦闘に向かっていく。それは一九四三年に小説家太宰治が『右大臣実朝』の中で、「平家ハアカルイ。アカルサハホロビノ姿デアロウカ、人モ家モ、暗イウチハ、マダ滅亡セヌ」と書いたように、痴呆的なまでに明るい。山本は、そこまで微妙に時代の空気を感じて明るさを演出したのだろうか。もっとも、そうした明るさは一九四四年の『雷撃隊出動』になると、相当に悲観的になり、描写は淡々とし、最後は基地航空隊隊長役の藤田進も雷撃、つまり特攻を米軍の艦船に対して行う事態になってしまうのだが。

註1　戦後の一九四六年十一月、東宝の組合大会で山本嘉次郎は、戦時中の戦争責任を追及された。そのとき、彼は自分の非を認めたと、堀川は『評伝　黒澤明』でその潔さを評価している。また、山本の妻千枝子は、戦後世田谷区で日本社会党の区議会議員になり、アジアとの文化交流に努めた。嘉次郎は、賛成も反対もせずだったというが、そこにも戦争を忘れたい山本嘉次郎の心情が感じられる。

7　一九三〇年代以降の日本映画界の状況

私は、東宝の戦争への積極的関与を非難しない。なぜなら、一九三〇年代に東宝が日本の映画界に新規参入したとき、日活、松竹、新興、大都の既成各社は、各社系列館における東宝作品の上映を禁止する措置、いわゆる「東宝ボイコット」の妨害を受けていたのだから。もちろん、これは、東宝が劇映画製作に際し、松竹、日活などから多数のスターやスタッフを金で引き抜いたことへの報復措置で、一九三七年十一月には、松竹から東宝へ移籍した林長二郎（長谷川一夫）が顔を切られる傷害事件も起きている。こうした日活、松竹等の東宝への妨害に対し、東宝が軍部や公官庁など、従来は映画界と関係の薄かった勢力と結んだのも、一種の企業防衛といえる。

こうした映画産業への新規参入に対する妨害は、戦後も起きている。今度は戦時中に製作部門を大映に吸収されていた日活が、戦後の映画産業の活況を受けて一九五四年に映画製作を再開したとき、大映、松竹、東宝、新東宝、東映の五社が五社協定という秘密協定を結び、日活に主要なスター、スタッフを貸さないことにしたのである。もちろん、これは独占禁止法にも抵触する違法行為だった。だが、大映の永田雅一は戦前からの政商であり（戦後は自民党・党人派・河野一郎のバックだった）、東宝の小林一三（近衛内閣の商工大臣）や東映の大川博（元運輸省官僚）らも国と密接な関係を持っていたので、こうした行為も平気でまかり通ったのである。

日活の堀久作は戦前から政商で、かつて有楽町にあった日活本社の日活パークビルは、戦前は大日本航空本社（現在のＪＡＬとは異なる）のあった場所であり、戦後は駐留軍が使用していた土地だった。そこを堀は「米軍用の駐車場付きのビル」を作るという名目で払い下げを受け、一時は丸の内日活やホテルもあるビルを作った。そこには明らかに政界工作があったと言わざるを得ない。さらに江ノ島の水族館も（『狂った果実』など日活作品にもよく出てきた）日活系である。私が知る限り、国有財産である自然海浜や公園に民間の建物が建っているのは、日比谷公園の松本楼と江ノ島水族館だけであり、ここにも堀久作の政治的手腕があったと私は邪推する。小林旭の「渡り鳥シリーズ」には、原作者に元衆議院議長の原健三郎の名がある。原は、若い頃渡米して荒くれていたそうで、その冒険譚が原作になっているそうだが、これも合法的な政治献金である。原作料として報酬を払えば、政治献金の疑いは免れるのだから。

後に、日活も認められて五社協定は六社協定になったが、一九六一年に新東宝が倒産してまた五社協定に戻った。一九七〇年代になり、映画産業全体の不況の中でこうした協定も有名無実化した。五社協定以前は、俳優の他社への出演は比較的緩やかで、東宝専属の原節子は『晩春』『麦秋』『東京物語』と、松竹の小津安二郎作品に出ているし、松竹の田中絹代は逆に東宝の『武蔵野夫人』（溝口健二）、新東宝の『宗方姉妹』（小津安二郎）などに出演していた。各社で適材適所の配役ができていたのであり、同協定がこうした映画の多様性を阻害したことは間違いない。

トーキーを武器に、近代的で合理的な体制で映画界に新規参入してきた東宝が、日中戦争以降の戦時体制に積極的に協力し、旧勢力の日活や松竹が時代の変化に乗り遅れていたのは皮肉だが、それは戦争自体が「新体制」だったからに他ならない。さらに、東宝という新興企業が、戦争遂行に積極的に協力する反面、山本薩夫、木村荘十二、宮島義勇、亀井文夫らの元左翼関係者を多数抱えていた矛盾は、一九三七年の国家総動員法後の戦時体制推進機関である企画院の内部に、勝間田清一や和田博雄など、戦後は日本社会党の幹部となる社会主義者がいたことに同置できる複雑さというべきだろう。同様のことは、南満州鉄道調査部に、元共産党員の大塚有章や石堂清倫らがいた事実からも見てとれる。

太平洋戦争が始まり、東宝のみならず、次第に映画各社も戦争体制に対応していく。戦争による応召、徴用で、各社の男優やスタッフも減少していく。戦時期の大映の実情について、戦時中に新劇界から大映に入り、多くの映画美術を担当した木村威夫は、次のように書いている。木村は、戦後、一九五四年に製作を再開した日活に移り、映画美術の最長老として鈴木清順や蔵原惟繕などの監督作品で独自の世界を作った人物である。

昭和十六年の暮れ、十二月八日に戦争が始まった。仲間のカメラマン、裏方、大道具の若い衆が、召集されてどんどんいなくなっていった。……十八年の某月某日、「今日は情報局の特別試写がある。これには何人も入れない」という。所長以下偉い人だけが入って見る。外国映画らしい。なんとか見ようとして裏階段をのぼり、映写室にそっと忍び込んで、始まったのが『風と共に去りぬ』であった。このテクニカラーの美しさを見た時、「アメリカは戦争をしていても、こんなすごいのを撮るんだな」と脳天を一撃でやられた思いであった。フィルムはシンガポール軍の機密倉庫から占領軍たる日本軍が持ってきたものであったから当然字幕もなかったが、とにかく驚天動地であった。そうしてもう1本が、チャップリンの『独裁者』であった。この2本を見て私は、戦争は負けると心のなかで信じたのである（ただその時分、少し経ってから、黒澤明さんの『姿三四郎』には、「日本にもこういうのが出てきたか、まだまだ捨てたもんじゃない」というふうに思ったものである）。

（木村威夫『裏話ひとつ映画人生九十年』）

同じ頃の東京のいくつかの撮影所の事情について、撮影監督の岡崎宏三も証言している。岡崎は、一九四〇年に日活、新興キネマ、大都映画の三社が統合されて大映ができたとき、新興キネマで撮影技師に昇進したばかりだった。しかし、この統合でカメラマンだけでも六十人に増えたため、大映をやめて理研科学映画に行き、海軍航空隊の映画を撮ることになったという。戦後は、一九五三年のジョセフ・フォン・スタンバーグ監督『アナタハン』や、東京映画の豊田四郎監督『如何なる星の下に』『甘い汗』、川島雄三監督『花影』などの秀作を撮り、一九七四年にはシドニー・ポラック監督の異色作『ザ・ヤクザ』も担当している。

『肉弾攻撃兵』なんていう極秘の教材映画もこしらえました。これは、神風スタイルの兵隊がどうやって敵の戦車の下に潜り込んで、地雷を置いて素早くにげるかなんていう、今のハウ・ツーものです。そんな映画も当時は必要だったんです。……（中略）当時松竹大船撮影所も七〇％ぐらいは理研映画が借用していましたね。所内も劇映画のほうは閑散としていたのを覚えています。

（石渡均編『ひまわりとキャメラ 撮影監督・岡崎宏三一代記』）

松竹はもともと女性映画が得意で、戦争への対応には大きく遅れをとっていた。その理由は、一九二一年に創立直後の松竹キネマ合名に入社し、一九七七年四月のその死まで、松竹映画の最高指導者だった城戸四郎の意向が強く関わっていた。長部日出雄は、一九三九年の松竹のヒット映画『西住戦車長伝』の製作の経緯と城戸四郎との関係について説明している。

城戸四郎所長は、わかいころからリベラルな思想と感覚の持ち主であったので、（『西住戦車長伝』の企画には）あまり乗り気ではなかった……城戸は、大船映画がいちばん大切にしなければならないのは女性の観客だ、という信念を持っていたので、男性を主たる観客に期待する軍人の映画には、気が進まなかったのである。

（長部日出雄『天才監督木下恵介』）

松竹も積極的ではないものの、大船調の枠内で戦意高揚映画を作るが、なかなか成功作は生まれなかった。当時の松竹の戦争映画を見ても、もともと市井の庶民を演じることを旨としてきた松竹の男優たちは、軍人役になっても、どこか職業軍人という感じはせず、徴兵された普通の国民がいやいや兵隊をやっているという感じで、威勢よく軍服が似合っているという感じを受けないのである。

だが、こうした松竹戦争映画の苦境の中で戦争の末期、一九四五年春に大ヒットしたのが漫画映画だった。松竹は、海軍の命令で一九四二年に芸術映画社での大ヒット漫画映画『桃太郎の海鷲』を監督した瀬尾光世（元プロキノ）を社内に特別に迎え、一九四五年四月公開の長編アニメーション映画『桃太郎 海の神兵』を作らせる。

敗戦の年の春、焼け野原の中のうす汚れた映画館で、私は『桃太郎 海の神兵』というマンガ映画を観た。日本の動画の歴史は、一般映画に比べてほとんど、お話にならないくらいみじめなものであった。そして作品にしても幼稚で、観て赤面するようなものが多かった。しかし、『桃太郎 海の神兵』はちがっていた。全編にあふれる叙情性と夢が、私にはげしいショックを与えた。お恥ずかしいながら私は感激の余り泣いてしまったのである。「日本でも、ついにこんな見事な作品が作れるようになったのか！」そのとたん、私の将来の方針はこれだと心に決めてしまったのだった。

（山口且訓・渡辺泰『日本アニメーション映画史』）

これは一九四五年四月『桃太郎・海の神兵』を見たときの、戦後日本の漫画界をリードし、今日のジャンパン・アニメ興隆の最大の功労者手塚治虫の感想である。日本の漫画映画は、瀬尾光世をはじめ大藤信郎、政岡憲三らの個人的努力によって細々と作られてきた。そして今日では、「平和の象徴」のジャパン・アニメとして世界的に評価される文化となった。だが、皮肉にもその発展の元は、戦争遂行のための映画法による「文化映画の強制上映」と戦意高揚映画の製作にあったのである。

8　戦意高揚映画は観られていた

戦時下の戦意高揚映画について、政治学者古川隆久は、『戦時下の日本映画』で書いている。彼によれば、戦時中、軍や内務省は、映画各社に戦意高揚映画を多数作らせたが、『ハワイ・マレー沖海戦』と『加藤隼戦闘隊』のヒットを除けば、ほとんどの戦意高揚映画は当たらず、日本人は「戦争映画ではなく、エノケンや長谷川一夫らが主演の、娯楽映画を見ていて」戦意高揚映画は見られていなかったと、キネマ旬報等の入場者統計から算出している。

実際、『日本映画』に掲載された、四三年の新作劇映画六三本の封切興行時の映画館ごとの入場者指数（平均値を一〇〇とする）をみると、文部省推薦ではない一般用映画（四七）が九七・一、国民映画すべて一般用、八本が一〇三・三、文部省推薦（同上、一一本）が一〇四・七、非一般用（一六本）が一一四・九で、非一般用映画の人気が高いという傾向が続いていた。（古川隆久『戦時下の日本映画——人々は国策映画を観たか』）

確かに一般の上映館での観客動員数から見れば、その通りに違いない。だが、「一般映画」に含まれる、文部省や陸海軍が認定、推薦した戦意高揚映画は、一般の上映館だけでなく、学校、工場、地域などで頻繁に上映されており、これらの観客を加えれば、見た国民は大変に多いのである。例えば、一九四二年秋に横浜市南区に回された『映画会のお知らせ』の回覧板の記録がある。趣旨は、「戦時下市民精神昂揚を図り健全なる慰楽を与うる」ためで、十一月十四日午後六時半から蒔田国民学校で上映されたのは、今井正監督、高峰秀子主演の『われ等が教官』の他、文化映画、ニュース映画である。同年十二月初旬には、「開戦一周年国民儀礼」として無料上映が横浜市内の映画館で行われている。

こうした無料上映は、横浜だけで行われたことではない。一九四二年十二月には「優良なる映画の鑑賞を通じての国家に寄与貢献する精神の涵養」を目的に、興行協会、情報局、内務省、警察、大政翼賛会等によって「国民映画普及会」が東京に組織され、各道府県には支部が置かれた。同会の主催によって全国で『ハワイ・マレー沖海戦』『東洋の凱歌』『ビルマ戦記』『英国崩るるの日』等の戦意高揚映画が上映され、一九四二年十二月以降三カ月間で百七十四万人を達成したとしている。

さらに、戦局がきわめて悪化した一九四三年頃からは、召集兵が不足し志願兵の需要が高まり、急遽志願兵を増やすため、全国の地方事務所が、市町村の兵事係に「志願兵募集の映画上映会」を行わせており、そこでも『ハワイ・マレー沖海戦』や軍隊生活の紹介映画が上映されていた。この志願兵募集をテーマにした作品の一つが、朝鮮半島の若者の兵役志願を描いた一九四三年十二月の豊田四郎監督の映画『若き姿』である。

こうした様々な機会も考え合わせると、実態として戦意高揚映画を国民が見た機会はきわめて多かったのである。一九三一年福岡生まれで、戦後東宝に入って、黒澤明や稲垣浩に助監督としてつき、テレビで青春ドラマを監督する高瀬昌弘も、戦時中の映画鑑賞について回想している。

私の小学校五、六年生の時代の映画の経験は、ほとんど学校から教師引率で見た戦争映画であった。一般上映の前、早朝から映画館で見るか、夜、校庭に張られた白幕の前での観賞であった。『ハワイ・マレー沖海戦』『加藤隼戦闘隊』『あの旗を撃て』『シンガポール総攻撃』『マレイの虎』『かくて神風は吹く』『海軍』などの戦意高揚作品を私達は次々と見せられたのである。

（高瀬昌弘・山内八郎『八ちゃんの撮影所人生』）

国民から見れば、「推薦映画は、いずれタダで見られるのだから、急いで金を払って見ることはない」ので、その分一般公開時の観客数は少なかったのかもしれない。それを消極的厭戦傾向と見るか否かは、別問題だが。

9　合資会社航空教育資料製作所の設立

軍需企業としての東宝（航空教育資料製作所）

東宝の戦争映画で、最も初期に作られた円谷英二特撮作品に、一九四〇年五月公開の木村荘十二監督、東宝製作、海軍省後援の『海軍爆撃隊』がある。これは、中国奥地への長距離爆撃に出動する海軍航空隊を描くもので、監督が元プロキノの木村荘十二である関係から宇野重吉も出演している(註1)。実写と特撮による戦闘場面は大変迫力があり、また機内の描写も精密で見事である。一九三九年から三年間、円谷は陸軍

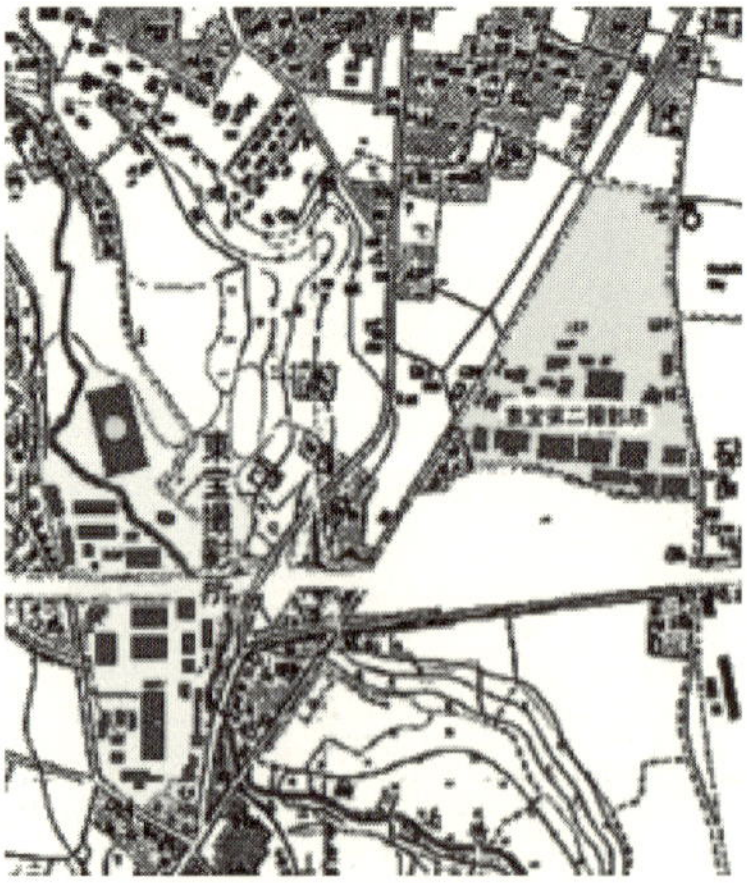

戦後の東宝撮影所と東宝第二撮影所

航空本部嘱託として陸軍の熊谷飛行学校に通って飛行技術を学び、アクロバット飛行まで習得し、映画『飛行理論』を作っているのだから当然といえば当然だが。

さらに一九四二年十二月に公開し、東宝は大作『ハワイ・マレー沖海戦』に全社を挙げて取り組み、俗に「日本人全員、一億人が見た」と言われたほどの大ヒットとなるが、特撮の基礎は、すでに太平洋戦争開始の二年前までに十分にできあがっていたのである。なぜ、東宝は特撮に成功することができたのだろうか。それにははっきりとした理由があった。

一般に知られているように東宝は、『ハワイ・マレー沖海戦』などの戦意高揚映画で戦争に積極的に協力しただけではない。実はほとんど知られていないことだが、むしろ戦争体制に深く関与した一種の「軍需企業」だったのである。そのことは、うしおそうじの『夢は大空を駆けめぐる――恩師・円谷英二伝』（二〇〇一年）や佐藤忠男の『日本映画史2 増補版』（二〇〇六年）、さらに録音技師・林顕四郎の雑誌「映画テレビ技術」への連載などによって、近年少しずつ明らかにされてきた事実である。佐藤は概説している。

第二次大戦中に東宝は、陸海軍の依頼によって兵士に兵器の取り扱い方を教えるための技術解説、技術訓練映画も多数受注製作した。これらの作品ははじめ特別映画班、のちに航空教育資料製作所と呼ばれた特別編成のスタッフにより、後年新東宝のスタジオとなる別棟のスタジオなどで極秘に製作されたため、東宝社員でも知らない人が多く、おそらくは忘れられ、のちに刊行されたどの東宝社史にも記載されておらず、映画史にも記録されていない。ただときどき、当時の東宝関係者の回想の中で簡単な噂として出てくる程度である。

（佐藤忠男『日本映画史2 増補版』）

また、東宝が戦時中に軍用の名目でフィルムや資器材の割り当てを増やして確保したことは、黒澤明のチーフ助監督を務めたことのある堀川弘通も『評伝黒澤明』で、山本嘉次郎監督の一九四〇年製作『馬』に触れたところで書いている。いうまでもなく映画『馬』のチーフ助監督は黒澤明で、いくつかのシーンを黒澤が演出している。

藤原釜足一家の「曲がり家」の撮影は砧にある今の「国際放映」、戦時中は「海軍航空資料製作所」（正しくは合資会社航空教育資料製作所）と言った一棟だけの撮影所で行うことになっていた。東宝撮影所のすぐ近くである。『馬』のセット撮影がなぜ

「海軍航空資料製作所」でおこなわれたか。その理由は、もともと東宝の取得した土地に、海軍の委託により海軍航空隊の教育資料を撮影するため、という理由で撮影所を建て、海軍の使用しないときは、東宝が自由に使うことができたからである。東宝は、この「海軍航空資料製作所」のお蔭で、フィルムの割り当てが増え、セットの資料（主に木材）の割り当ても増え、その上不要不急の映画機材の輸入も許可され、最新のミッチェル撮影機N23、N24（いずれもアメリカ製）も手に入れることができた。東宝幹部には、なかなかの知恵者がいたのである。

（堀川弘通『評伝黒澤明』）

東宝では、一九三八年には歴史劇の秀作『阿部一族』を監督した熊谷久虎が、一九三九年の『上海陸戦隊』では排外主義を煽り、一九四一年の『指導物語』では、狂信的な愛国主義になる。それは極端にしても、会社全体として急激に戦争体制に傾斜していく。元共産党員の宮島義勇や山形雄策、山本薩夫、今井正らが、むしろ積極的に戦意高揚映画に参画していったのは、そのアジテーション能力の高さを評価されたためだろうか。戦後、黒澤の『酔いどれ天使』から『生きものの記録』まで、プロデューサーを勤めた本木荘二郎も、次のように語っている。

山本（嘉次郎）さんにしても我々にしても、つまり同じ戦争映画を作るなら、人間を描きたいと、それが軍人像であろうと何であろうとね、ただ勝った負けたと、そして戦意高揚で、鬼畜米英やっつけろだけではね、つまんないから、せめてその中に動く軍人の人間像を描こうじゃないかということは、……いつも話し合っていたことですね。

（本木荘二郎「東宝映画 戦中から戦後へ」「映画芸術」一九七六年四・五月号）

本木壮二郎も、元は山本組の助監督の一人で、後にプロデューサーに転向した者である。実際に山本嘉次郎が監督した映画『ハワイ・マレー沖海戦』は、質の高い映画として、多くの日本人に受容された。戦前の最後のキネマ旬報ベストテンとなる一九四二年のベストテンでは一位、二位は小津安二郎監督の『父ありき』だった。その一例として、山田風太郎の感想をあげておく。東京で医学部受験の勉強の傍ら、沖電気で働いていた山田は、一九四二年十二月、映画『ハワイ・マレー沖海戦』を見たときの興奮を日記に書いている。

今日、高須さんといっしょに午後から神田の松竹映画劇場にゆく。今日封切りの

『ハワイ・マレー沖海戦』を見るためである。……劇場はおそるべき満員で、最初の1回は立ち見でさえ殆ど見ることが出来なかった。2回目には落着いて見ることが出来た。東宝がその航空映画に於ける本領を最高度に発揮したもので、海軍航空隊の攻撃魂が完成するまでの訓練過程を淡々たる劇に仕組み、最後に凄絶なハワイ・マレー沖海戦を展開する。特に、ハワイ海戦に於いて、オアフ島の山脈をかすめ翼をそろえて翔け下りてくるわが攻撃機、ことし正月の新聞に出た海軍航空隊の歴史的写真と寸分変らぬセットの見事さ、白い航跡を曳いて走る魚雷の突進、噴き上がる米太平洋艦隊、それから、乱雲の中を飛びつづける味方編隊の彼方を、訣別の手をふりつつ機尾から一条の白い煙を曳いて自爆してゆく悲壮な犠牲の一機――など、日本人の心を奮い起さずにはおかない傑作であった。その気概、構成、演技、撮影に一点の欠点も見出さず能わず。これは自分がいままでに見た映画のうち、最高のクラスに属する。

（山田風太郎『戦中派虫けら日記』）

このように『ハワイ・マレー沖海戦』などの山本嘉次郎の戦争映画は、決して映画的な面白さを失っていないので、今日私たちが見ても十分に感銘を受ける作品となっている。

合資会社航空教育資料製作所については、録音技師として長く東宝にいた林頴四郎が、二〇〇六年に『日本映画史のミッシング・リンク』として、藤好昌生をはじめ、玉井正夫、うしおそうじ、長村英一、村主彦、飯村正らの先輩スタッフからの聞き書きを専門誌「映画テレビ技術」に連載したのが最上の資料である。以下は、林論文の要約である。

航空教育資料製作所の場所は、戦争中および敗戦直後は東宝第二撮影所、新東宝設立後は新東宝撮影所、新東宝倒産後は国際放映撮影所、そして現在は、その大部分が日大商学部に変わり、残りの少しが今は東京メディア・シティになっている世田谷区砧五丁目の、通称「上の撮影所」で、東宝が一九三九年に海軍から無償で払い下げを受けた土地だった。そこに東宝取締役の大橋武雄、増谷麟、森岩雄らが出資した合資会社映画科学研究所が、一九四〇年三月にスタジオを建て、木村荘十二監督の『海軍爆撃隊』のセット撮影で使用を開始し、阿部豊監督の『燃ゆる大空』の特撮部分も作った。

その後、東宝が特撮や実写による陸海軍からの「教材映画」（軍事シミュレーション映画）の受注が増大するに従い、施設と人員が拡充され、東宝特殊技術課から名称が変わった特別映画班の本拠地となった。

そこで、うしおそうじらがもといた特殊技術係（線画係）は、一九四四年六月頃には航空教育資料製作所から別れ、元東京発声映画撮影所（戦時中は東宝第三撮影所、新東宝発足後は新東宝第二撮影所、さらに富士映画スタジオ、新東宝倒産後は大蔵映画撮影所）、現在はオークランドとなっている世田谷区桜のスタジオに移転した。この二つのスタジオを中心に、軍から受託した教材映画を実写、特撮、アニメーションなどを交えて敗戦まで多数製作した。

また、林は、この頃の森岩雄の方針と東宝の撮影所の実態を次のように書いている。

戦時下に於いては、何もかも忘れて笑い興ずる娯楽が必要であり、そういう役を果たすのが映画の使命の一つである以上、相当数の純娯楽映画は今後とも、ぜひ製作して行かなければならないものと考えています、と述べている。東宝は陸海軍に陰で協力しながら、フィルムや資材を調達し、本心は庶民の要望に沿った時代劇大作映画・衣笠貞之助演出の『川中島合戦』や長谷川一夫、大河内伝次郎、山田五十鈴、入江たか子、原節子等が出る文芸作品、又、エノケンやロッパ、エンタツ、アチャコ等が出る喜劇娯楽映画路線を下の撮影所で、したたかに製作していたのである。

（林顕四郎『日本映画史のミッシング・リンク』「映画テレビ技術」二〇〇六年六月号）

うしおそうじも著書『手塚治虫とボク』の中で、「本来動画ではNGフィルムはほとんど出ないのに、NGが大量に出ることにして使用量を三倍くらいに水増しして請求し、余ったフィルムを劇映画に廻した」と書いている。なぜ教材映画の注文が増えたかについて、当時のスタッフの一人は一九八〇年代に証言している。

戦争も終戦近くになって陸軍も海軍も、予科練の教官はみんな戦場へ出て行って、教官がいなくなったので映画を教材に用いて訓練したわけです。B29の何処に突込んだら一機で撃墜させることが出来るか、軍艦の何処に突込めば一機で轟沈させることが出来るか、突込みの角度はこうだ等々、すべての技術を映画でつめ込んだわけです。……逆に言えば戦争で色んな技術を身につけたとも言えるかもしれません。軍は常に最高の技術を要求していました。眠る暇もない有様だったですよ。

（武田謙之助〈撮影所〉「証言6」石川柾子編『来なかったのは軍艦だけ 東宝争議研究資料1号』）

これは一九四四年の米山彊監督の『海軍航空機・母艦戦闘篇』のことだと思うが、実は東宝は戦争末期ではなく、太平洋戦争の開始以前から、多数の教材映画を作っていたのである。ところが、この軍事シミュレーション映画のことは、東宝のスタッフにも秘匿されていたので、戦争末期になって急に製作され始めたように誤って記憶されているのである。そのくらい航空教育資料製作所は極秘で運営されていた。戦後も続いた円谷英二の秘密主義は、この「秘密スタジオ」での極秘の軍事関係の仕事の体験から来たものであると私は推測している。

本書の主人公である円谷英二を中心に見れば、東宝は、J・Oにいた円谷を一九三七年東京撮影所に迎え、課長級に遇して特殊技術課を作った。彼は、京都の松竹や日活の撮影所では、林長二郎主演の時代劇にクレーン撮影を取り入れるなど、特殊撮影に凝る「変人」として扱われていた。一方、東宝特殊技術課は、実写とアニメーションによる『水平爆撃法』等の教材映画やスライドを作るなど、次第に軍からの注文映画の受注が増えていたのである。

そして、一九四一年十二月八日の日本海軍のハワイ真珠湾攻撃で太平洋戦争が始まる。漫談家で俳優の徳川夢声は、その日のことを日記に書いている。彼は、当時の芸能人の中では群を抜いたインテリだった。

十二月八日（月曜日 晴 温）岸井君が、部屋の扉を半分開きにしたまま、対英米戦のニュースを知らせてくれる。そら来た。果たして来た。コックリさんの予言と二日違い。帳場のところで、東条首相の全国民に告ぐる放送を聴く。言葉が難かしすぎてどうかと思うが、とにかく歴史的の放送。身体がキューッとなる感じで、……昨日までの神戸と別物のような感じだ。窓から見える温室の、シクラメンや西洋館までが違って見える。阪急会館は客席ガラ空き、そこでジャズの音楽など、甚だ妙テケレンだ。花月劇場も昼夜ともいけない。夜は芝居の途中から停電となる。客に演説みたいなことをして賛成を得、蝋燭の火で演り終える。

九日（火曜 雨）いつになく早く床を離れ、新聞を片はしから読む。米国の戦艦二隻撃沈。四隻大破。大型巡洋艦四隻大破。航空母艦一隻撃沈。あんまり物凄い成果であるのでピッタリ来ない。日本海軍は魔法を使ったとしか思えない。いくら万歳を叫んでも追っつかない。万歳なんて言葉では物足りない。（徳川夢声『夢声戦争日記第1巻』）

大変な興奮だが、帝都東京ではなく関西にいたので、比較的冷静だとも言える。この頃、もうすぐ戦争が始まるかもしれないという不安感は全国の国民にあり、コックリさんで開戦日を占う様子は、劇作家小幡欣二の二〇一〇年の劇『神戸北ホテル』にも出て来た。夢声は、黒澤がチーフ助監督を務めた山本監督の一九三八年の『綴方教室』では、高峰秀子の父親を好演したが、同時に漫談家として全国の寄席に出ていた。

特別映画班は、一九四一年には航空教育資料製作所に拡充され、職員数は本体の砧撮影所の六百五十人に対し二百三十人にも達していた。そして戦争末期の一九四四年十二月には、理事長・大橋武雄以下、増谷麟、森岩雄ら理事七名で、従業員は二百七十三名、応召者五十三名になっていた。これは当時日本の撮影所では中規模のものだったという。そこには、円谷の他、唐沢弘光、玉井正夫、仲沢半次郎、中尾駿一郎、前田実ら優秀なカメラマンがいて、実写や特殊撮影による軍事シミュレーション映画を製作していた。林によれば、航空教育資料製作所では、一九四一年から一九四五年までに二十六本の中編映画が作られていたという。これは、一九四〇年の映画法による統制で、「フィルムも軍需品であり、民間に廻すのは一フィートもない」とし、製作本数が大幅に削減されていた中、特別の割り当てだった。当時、フィルムの原料には、爆弾の原料にもなるセルロイドが使われていたから、フィルムを軍需品と言うのも間違いではなかった。

この航空教育資料製作所には、戦時中の『ハワイ・マレー沖海戦』、戦後の『ゴジラ』に代表される東宝の特撮技術（特殊撮影やアニメーション、合成技術）、記録映画、実写撮影の基礎を作ったという重要な役割があった。その他教材映画には、実際に戦地での戦闘機の活躍を記録した、三菱、中島、川崎の飛行機製造の軍需企業から予算を貰って作った「航空戦果シリーズ」もあり、これは各工場で労働者（工員）の慰問用に上映された。戦中、戦後の東宝のカメラマンや録音技師などの技術者は、実際に戦場を体験してきたスタッフだった。戦場の弾の下をくぐってきた彼らによる特撮が、戦争映画等で格段のリアリティを持ったのは当然のことだろう。東宝の特撮の素晴らしさは、こうした実写と特殊技術が混然一体となったことで達成された成果なのである。

註1　プロキノとは、日本プロレタリア映画同盟の略称で、一九二九年全日本無産者芸術団体協議会の映画部門として作られた。『メーデーの記録』などのニュースや記録映画を作ったが、一九三四年頃解散させられ、主要メンバーだった木村荘十二、宮島義勇らはＰＣＬに入る。

◎航空教育資料製作所の主な作品

制作年	題名	巻	監督・演出	撮影	監修・指導	備考
一九四一	水平爆撃理論（実際編・応用編）	4	大石郁雄	玉井正夫	海軍航空本部 鈴鹿海軍航空隊	特技：鷲巣富雄 真珠湾攻撃隊員教育用
	水平爆撃理論（前編・後編）	3	大石郁雄	玉井正夫	海軍航空本部 鈴鹿海軍航空隊	特技：鷲巣富雄
	水平爆撃要領 第三部	7	米山彊	宮島義男	陸軍航空本部 浜松陸軍飛行学校	特技：市野正二
一九四二	爆弾	不明	大石郁雄	不明	海軍航空本部 鈴鹿海軍航空隊	解説：丸山章治
	新しき翼C－20	4	米山彊	玉井正夫	陸軍航空本部 三菱重工航空部	委託：国際観光協会：翼映会 英語・中国語版も作成
	御艦つくる力	3	中村積	山中進	浦賀船渠㈱ 浦賀ドック	音楽：早坂文雄 解説：中村彰
	水平爆撃理論 弾着偏差編	6	大石郁雄	福田三郎	海軍航空本部 鈴鹿海軍航空隊	特技：鷲巣富雄
	水平爆撃理論 同料理論編	3	大石郁雄	大石郁雄	海軍航空本部 鈴鹿海軍航空隊	特技：鷲巣富雄
	水平爆撃要領 第一部／第二部	10	米山彊	宮島義男ほか	陸軍航空本部 浜松陸軍飛行学校	特技：市野正二
	無線理論 三極真空管編	8	長村英一ほか	山田耕造	海軍航空本部 大井海軍航空隊	特技：市野正二

一九四二	大空の御盾	7	村田武雄ほか	平野好美ほか	陸軍航空本部	制作：翼映会（中島飛行機） 音楽：服部正／解説：前田晃
	陸鷲の記録	7	矢倉茂雄ほか	山中進ほか	陸軍航空本部	制作：翼映会（川崎航空機工業） 音楽：鈴木静一 解説：西村小楽天
	大いなる翼	8	関川秀雄ほか	完倉泰一ほか	陸軍航空本部	制作：翼映会（三菱重工） 音楽：服部良一 解説：河野秋武
	南方みやげ	4	上田正二ほか	完倉泰一ほか		制作：翼映会／音楽：佐野鋤 解説：丸山章治／翼映会で使用されなかったフィルムを再編集
一九四三	擂鉢型空戦要領 戦闘隊攻撃教範	5	玉井正夫	玉井正夫	陸軍航空本部 明野陸軍飛行隊	動画：市野正二
	海軍航空戦 母艦部隊篇	5	松崎与志登	大石郁雄	聯合艦隊航空隊 霞ヶ浦海軍航空隊	
	海軍航空戦 基地部隊篇	5	松崎与志登	大石郁雄	聯合艦隊航空隊 霞ヶ浦海軍航空隊	
一九四四	艦種識別要領 航跡篇	2	唐沢弘光	玉井正夫	海軍軍令部 海軍航空廠	造形：武田謙之助
	海軍航空戦 母艦戦闘篇	7	米山彊	玉井正夫	聯合艦隊航空隊 宇佐及び岩国海軍航空隊	音楽：鈴木静一 解説：丸山章治
	海軍航空戦・母艦 基地部隊篇（未完成）					六月のマリアナ沖海戦で空母翔鶴が沈没したため制作中止

一九四四	陸軍戦闘隊の訓練 分隊教練篇（未完成）	3	玉井正夫	山中進ほか	陸軍航空本部 明野陸軍飛行学校	造形：武田謙之助ほか
	陸軍戦闘隊の訓練 小隊教練篇（未完成）	不明	玉井正夫	山中進ほか	陸軍航空本部 明野陸軍飛行学校	造形：武田謙之助ほか
	操舵感得		不祥	不祥	不祥	
	T攻撃部隊用教育映画		不祥	不祥	海軍軍令部	Tとは台風のことらしい
	電波探信儀・概説篇	2	長村英一ほか	唐沢弘光ほか	海軍航空本部 横須賀海軍航空隊	
	B29直上攻撃法		不祥	不祥	陸軍航空本部	造形：村主彦
	無線理論	2	湯原甫ほか	前田實	海軍航空本部 大井海軍航空隊	解説：丸山章治
	気象学	不祥	丸山章治	玉井正夫	陸軍航空本部 明野・浜松陸軍飛行学校 立川陸軍飛行廠	長編のようだが詳細不明
一九四五	雷撃機戦闘法	4	仲澤半次郎	仲澤半次郎	海軍航空本部 大分海軍航空隊	
	魚雷整備要領	4	水島良成	仲澤半次郎	海軍航空本部 大分海軍航空隊	
	急降下爆撃要領	1	唐沢弘光	唐沢弘光	海軍航空本部 海軍航空廠	
	米軍敵前上陸戦法	5	若林敏郎	唐沢弘光	海軍航空本部 聯合艦隊	造形：図解造形部員全員
	弾着測定法	1	渡辺鴻	不祥	陸軍技術研究所	

一九四二～四五	航空機生産シリーズ やすり篇	2	米山彊	玉井正夫	軍需省／翼映会	
	航空機生産シリーズ 鋸篇	2	丸山章治	浦島進	軍需省／翼映会	
	航空機生産シリーズ はんだ篇	2	菊池良吉	前田實	軍需省／翼映会	
	航空機生産シリーズ たがね篇	2	米山彊	仲澤半次郎	軍需省／翼映会	
	航空機生産シリーズ 板金篇	2	篠勝三	中尾駿一郎	軍需省／翼映会	
	航空機生産シリーズ 鋲打ち篇	2	関川秀雄	仲澤半次郎	軍需省／翼映会	

◎「満鉄映画」編集と録音

制作年	題名	巻	監督・演出	撮影	備考
一九四四	「映画画報」勤労奉仕隊	1	不祥	不祥	音楽：伊藤昇
	沃土に敷く	1	不祥	不祥	音楽：鈴木静一
	枕木	1	不祥	不祥	満語版 音楽：服部良一 解説：馬守清（満映留学生）

一九四四	車輪と共に	2	不祥	不祥	音楽：服部良一／解説：丸山章二
	満鉄映画・厚生船	1	吉田秀雄	不祥	音楽：伊藤昇／解説：丸山章二
	「映画画報第一輯」防疫列車・ラマクリミヨウ	1	不祥	不祥	音楽・選曲：掛下憲吉 解説：馬守清（満映留学生）
	躍進満州	2	不祥	不祥	音楽：服部正／解説：丸山章二
	「映画画報第二輯」	1	不祥	不祥	音楽：鈴木静一／解説：渡辺嬢

◎スライドその他（一九四三〜四五）

各種標識版　監修：浜松陸軍飛行学校　演出：不祥

爆撃訓練用スライド　監修：海軍航空本部・鈴鹿海軍航空隊　演出：山田耕造　専用の特殊スライド機も作成

来襲敵機勢力一覧　監修：陸軍技術研究所　演出：渡辺鴻

表示機　監修：陸軍技術研究所　演出：渡辺鴻

サイパン米軍滑走路図　監修：海軍軍令部・館山海軍航空隊　演出：中村三郎　エアブラシによる立体化図

米軍敵前上陸実観図　監修：海軍軍令部・聯合艦隊　演出：市野正二

翼映会は、軍用飛行機製造の三菱重工、中島飛行機、川崎航空機の三社が組織したもので、東宝はこの各社の資金で記録映画を作った。『大空の御楯』、『陸鷲の記録』、『大いなる翼』は、航空戦果シリーズとして、海外の戦地にロケして実戦を撮影し、いずれも音楽と解説付きで、各工場で労働者の士気向上を目的に上映された。『大いなる翼』は一九四四年九月には一般にも公開された。

10 松崎啓次という異才

うしおそうじは、一九四〇年代の東宝と軍部との関係の始まりは、一九四〇年公開の『海軍爆撃隊』のときの、文化部長・松崎啓次の奔走にあったといっている。

松崎啓次は、文化映画部と同じフロアの職場で円谷の飛行機もののミニチュアテストのフィルムを覗きみて、これは絶対トリックシーンに使えるという考えを温めていた。……松崎は、この企画を成功させるためには海軍の全面的協力が得られるかどうかにかかると判断して奔走した。文化映画部の作品としての製作だった構想がワンランク上がって東宝映画第一回航空映画として、昭和十五年五月二十二日東宝系において公開されてヒットした。この作品の成功はなんと言っても円谷英二が担当した特撮部分の仕上がりの素晴らしさで、作品の価値が何倍も上がったと言われた。

（うしおそうじ／前掲書）

『海軍爆撃隊』は一九四〇年の東宝映画で、中国での爆撃を描く作品。撮影は三木茂だが、初めて特殊撮影技術と名乗った円谷英二作品で、戦後廃棄されて原版はなく、関西のコレクター宅で発見された16ミリが復元されている。

この作品は、一九三八年八月に中国湖南省衡陽の空軍基地を海軍航空隊が爆撃した実話を基にしたもので、現地を取材した北村小松が脚本を書いた。飛行する日本軍機と中国軍機もよくできていて、実写、ミニチュアの合成やスクリーン・プロセスによる特撮との組み合わせが大変見事である。特に最後の飛行場での敵戦闘機との戦闘場面が大変な迫力である。この二年後、円谷は山本嘉次郎監督の『ハワイ・マレー沖海戦』で大ヒットを飛ばすが、技術的にはすでにこのときに完成されていたわけだ。音楽は早坂文雄で、東宝に入社して二作目。元プロキノの木村監督の伝手か、新劇の宇野重吉が搭乗員役で出ている他、戦後はゴジラ・スーツの中に入ることになる手塚勝巳も同僚の一人で出ている。

文化部長・松崎啓次は、一九四二年の黒澤の監督デビュー作『姿三四郎』、戦後の民主主義啓蒙映画『明日を創る人々』（一九四六年）、さらに『わが青春に悔なし』（一九四六年）

をプロデュースした人物。木村荘十二らと同じ元プロキノ出身の彼は、東宝文化部で亀井文夫に反戦映画の名作『戦ふ兵隊』（一九三九年）を作らせたが、戦時中は『間諜・海の薔薇』（一九四五年・監督衣笠貞之助）などの戦意高揚映画を製作した。戦後、東宝争議の後、東宝を辞めて内外映画を作って娯楽映画を製作し、新東宝系で公開した。一九五〇年代はテレビ界に進出し、松崎プロダクションで一九五九年には手塚治虫の『鉄腕アトム』の実写版を製作するが、特撮場面は大変に貧弱で評判は芳しくなかった。この実写版のひどさが、後に手塚治虫にアニメ版『鉄腕アトム』を製作させた最大の理由だといわれている。

また松崎は、一九六〇年代は主に民間企業や官庁のＰＲ映画を製作していた。一九六一年に松竹を辞めた大島渚は、一九六一年にパレス・フィルムで『飼育』を作り、翌年、東映で『天草四郎時貞』を撮ったが、その後、三年間劇映画が撮れなかった。ちょうどその時期に松崎啓次に邂逅している。

人間、不遇な時にはさまざまな人間に会うものである。松崎啓次の名前は映画界の表面から消えて久しかったが、容貌魁偉ともいうべき巨漢の彼は、銀座の一角に事務所とスタッフを構えた堂々たる一国一城のあるじであった。……松崎啓次のもとにさまざまなPR映画の注文が来るのは、どうやら彼の三高、京大時代の人的つながりによるものらしかった。友人たちは高級官僚になったり、大会社の重役になったりしているのだろう。そうした推測は、同じ京大の、そしてたしかに同じ法学部の後輩である私を、何とも言いようのない感慨におちいらせた。私がその後、彼のところへ出入りしなくなったのは自然の成りゆきだったが、そのことも理由の一部であったかもしれない。

（大島渚『体験的戦後映像論』）

松崎については、黒澤明もよい印象を持っていなかった。映画『わが青春に悔なし』の企画審議会のときのトラブルによって、チーフ助監督をしていた堀川弘通は黒澤の怒りのもとを知る。黒澤は、「松崎は、戦争中は憲兵隊のスパイだったので気をつけろ」と彼を非難したという。松崎がスパイであったかどうかは私も知らない。たぶん、黒澤の思い込みに過ぎないだろう。だが、彼の映画界、テレビ界での軌跡を見れば、プロキノ、PCL、東宝、それも反戦映画から戦意高揚映画へ、そして戦後は一転して民主主義賛美から、今度は東映や新東宝の娯楽映画と変化は目まぐるしい。スパイはともかく時代の動向に極めて敏感で、巧みに時勢を捉え、企画を立てて作品を製作する敏腕プロデューサーともいえるだろう。黒澤が、そうした巧みな処世術とは、正反対の生き方だったことはいうまでもない。堀川弘通の前掲書では、次のように書かれている。

クロさんは憤懣やる方なかったが、許せなかったのは、審議会席上でのプロデューサー松崎啓次の弱腰だった。「あいつは戦争中は憲兵隊のスパイだったんだ。お前も用心しろ」とまで言って怒っていた。その結果、シナリオの後半は違ったものになった。……（中略）クロさんは、戦時中は転向を誓って軍部に擦り寄った人々、松崎啓次や山形雄策のような男たちには、特別な嫌悪感を持っていた。クロさんの後々の行動を考えると、この「審議会」でのやり取りは、特別な意味を持っていたことになる。

（堀川弘通／前掲書）

松崎啓次の主に劇映画の製作と、本名の青木義久名義で書いた脚本のリストは次のようになっている。戦後の作品ではトニー・谷の主演作『さいざんす二刀流』まで書いているのだからすごいというべきか、なんでもやるしかなかったというべきか。中でも一番に注目されるのは、一九五六年志村敏夫監督の新東宝の『女真珠王の復讐』である。これは日本映画史上初、女優（前田通子）のオール・ヌード（後ろから）が見られた歴史的な作品である。同様に、よく知られていることだが、黒澤明の『七人の侍』などの代表作を製作した本木壮二郎は、一九六二年から、自分のプロダクションでいわゆるピンク映画を二〇〇本近く監督した。黒澤明の『わが青春に悔なし』製作の松崎啓次も、日本初のヌード映画の企画をしたということで、黒澤明の代表作の製作者は、二人とも性的表現の映画にかかわっていくことになる。不思議な因縁というべきだろうか。

松崎啓次製作の映画（PR映画を除く）

一九三八年八月二十三日　『北京』（東宝映画）
一九三九年一月二十五日　『戦友の歌』（東宝映画）
一九三九年二月八日　『揚子江艦隊』（東宝映画）
一九三九年三月　『戦ふ兵隊』（東宝映画文化映画部）
一九四二年二月四日　『青春の気流』東宝映画
一九四二年　『珠江』（芸術映画＝中華電影公司）
一九四三年一月十四日　『阿片戦争』（東宝映画）

一九四三年三月二十五日　『姿三四郎』（東宝映画）企画

一九四三年十月七日　『熱風』（東宝映画）

一九四五年二月二十二日　『間諜海の薔薇』（東宝）

一九四六年五月二日　『明日を創る人々』（東宝）

一九四六年十月二十九日　『わが青春に悔なし』（東宝）

一九四七年十二月九日　『女優』（東宝）

一九五四年四月十三日　『少年姿三四郎 第一部山岳の決斗』（東映東京）企画

一九五四年五月二十五日　『少年姿三四郎 第二部大川端の決斗』（東映東京）企画

一九五四年十二月二十一日　『さいざんす二刀流』（東映東京）企画

一九五五年一月二十七日　『姿三四郎 第一部』（東映東京）企画

一九五五年二月一日　『姿三四郎 第二部』（東映東京）企画

一九五五年五月三十一日　『正義の快男児 中野源治の冒険 ダイヤモンドの秘宝』（東映東京）企画

一九五五年六月七日　『正義の快男児 中野源治の冒険 深夜の戦慄』（東映東京）企画

一九五五年六月十三日　『正義の快男児 中野源治の冒険 完結篇 地下砲台の恐怖』（東映東京）企画

一九五五年十月十八日　『柔道流転』（新東宝）企画

一九五五年十一月十五日　『柔道流転 黒帯無双』（新東宝）企画

一九五六年七月五日　『女真珠王の復讐』（新東宝）企画

一九五七年五月八日　『激怒する牡牛』（新理研映画）

青木義久名義の脚本

一九五四年三月十日　『ウッカリ夫人とチャッカリ夫人 やりくり算段の巻』（東京映画）

一九五四年四月十三日　『少年姿三四郎 第一部山岳の決斗』（東映東京）

一九五四年五月二十五日　『少年姿三四郎 第二部大川端の決斗』（東映東京）

一九五四年七月十三日　『爆笑天国 とんち教室』（東映東京）

一九五四年十二月二十一日　『さいざんす二刀流』（東映東京）

一九五五年一月二十七日　『姿三四郎 第一部』（東映東京）

一九五五年二月一日　『姿三四郎 第二部』（東映東京）
一九五五年十月十八日　『柔道流転』（新東宝）
一九五五年十一月十五日　『柔道流転 黒帯無双』（新東宝）
一九五六年二月十二日　『俺は犯人じゃない』（日活）
一九五六年八月十四日　『地獄の札束』（日活）
一九五七年一月二十九日　『復讐は誰がやる』（日活）

11　航空教育資料製作所の意義

これは戦後のことになるが、一九四六年から一九四八年まで、いわゆる「東宝ストライキ」の大争議が起きた原因も、戦時中の東宝の強い軍需依存体質にある。陸海軍さらに軍需企業の解体によって航空教育資料製作所は即不要部門となったのだから、経営者から見れば人員整理は当然であった。

戦後の争議で、一九四八年五月会社は、千三百十五人の人員整理を発表し、砧撮影所でも全職員五百二十九人中、百八十三人〈共産党系の日本映画演劇労働組合〈以下日映演〉百四十五人、反共産党系の全国映画演劇労働組合〈以下全映演〉三十六人、その他二人〉が解雇通告を受ける。しかも、撮影部職員三十一人中の日映演組合員十七人全員、同様に合成部職員十六人中、日映演組合員十六人全員が解雇を通告されている。撮影部と合成部は、まさに戦時中の航空教育資料製作所だった。

各職場・組合別馘首者数

職場	日映演		全映演		中立	構成合計
	構成	馘首	構成	馘首	構成	
総務	13	6	52	11	24	89
製作	9	6	5		3	17
演出	27	20	11	1	1	39
記録	9	8	1	1		10
撮影	17	17	14			31
照明	30	17	23	3		53
録音	17	13	36	3		53
美術	43	24	17	1	1	61
舞台	4	2	78	4		82
合成	16	16				16
他	32	16	110	12		142
計	217	145	333	36	29	593

（総務は、総務・労務・厚生・会計・輸送等を、録音は、録音と音技、美術は背景・小道具、他は現像・特機・進行等を含む）
『来なかったのは軍艦だけ 東宝争議研究資料１号』より

戦後のこの時期、松竹や大映でもストライキは再三おき、さらには朝鮮戦争後の一九五〇年代にはレッド・パージもあって松竹、大映からも多くの共産党員が馘首された。だが、東宝のように長期で深刻な争議に至らなかったのは、松竹や大映には、東宝の航空教育資料製作所のような大規模な不要部門がなかったからである。この航空教育資料製作所には、日本映画史から見れば、三つの重要な意味がある。

一つは、いうまでもなく軍需企業化によって、新興企業としての東宝の経済的基礎を固めるとともに、優秀なスタッフを確保したことである。こうした軍や官庁からの注文作品は、あらかじめ受託金額が決まっているので、費用を予算内に収めれば、損をすることは絶対にない。公開して観客が来るかどうかで、収入が大きく変動する一般映画に比べ、極めて安定したリスクの少ない商品であった。

二つ目は、戦時中の『ハワイ・マレー沖海戦』、戦後の『ゴジラ』に代表される東宝の特撮技術（特殊撮影、アニメーション、合成技術）、記録映画、実写撮影の基礎を作ったことである。教材映画の中には、実際に戦地での戦闘機等の活躍を記録した「航空戦果シリーズ」もあり、各工場で労働者向けに上映された。また、それを再編集した文化映画の『南方だより』もある。戦中、戦後の東宝のカメラマンや特撮技術者は、実際に戦場を体験してきたスタッフであった。戦場の「実弾の下をくぐって来た」スタッフによる特撮が、戦争映画で格段のリアリティを持ったのは当然のことだろう。東宝の特撮の素晴らしさは、こうした実写と特殊技術が混然一体となったことで達成された成果なのである。

さらに三つ目は、戦後の陸海軍の解体によって受注先を失い、即不要部門と化した航空教育資料製作所が深刻な労働争議の場となり、最終的には馘首された組合幹部らが東宝退社後、一九五〇年代の左翼独立プロ運動を起こしたことである。

また、航空教育資料製作所のメンバーの多くは、一九四八年に東宝が設立した東宝教育映画社に移籍し、中篇映画を製作した。ここでは一九四九年に杉江敏男が『水晶山の少年』

で、一九五〇年には本多猪四郎が『生活共同組合』で、丸山誠治も『朝風に向かって』で、それぞれ監督デビューしている。美術部には、後に前衛美術家となる山下菊二、高山良策などもいて、杉江作品では特撮も使われている。鷺巣政安と但馬オサムは、高山や山下の仕事についても触れている。

但馬　『酔いどれ天使』では、タイトルバックのメタンの泡を吹くヘドロの池が印象的ですが、あれは石鹸液と顔料で作った池にホースを何本も入れて、人がそれをくわえて「せえの」で息を吐いて表現したそうです。その泡づくりに動員されたのが、当時、組合の命令で青年行動隊に編入されていた、うしお先生や高山良策さん、……（中略）あるいは同時期に東宝にいた画家の山下菊二さんのように絵の描ける人は似顔絵かきになったり……。

（鷺巣政安・但馬オサム／前掲書）

黒澤明の一九四八年の傑作『酔いどれ天使』は、このような東宝の撮影所のスタッフ全員の映画への情熱と組合運動の高揚による撮影所全体の盛り上がりの中から生まれたのである。この頃の助監督の事情について、本多猪四郎も回想している。彼は、三回も徴兵されたため、黒澤明よりも一期前の入社にもかかわらず、監督昇進が戦後まで遅れ、このとき三十八歳と、当時最も年をとった助監督だった。

俺はやっぱり映画作りたいんだ。作りたいけど、会社の言いなりでハイハイというのはいやだ。監督として自分で納得のいく作品で大衆と語り合うのに、ただ金儲けだけの映画を作れっていってもできそうにない。また、労働条件だけで闘うっていっても、そこから出てくる作品っていうのは一体どんなものなんだろうという疑問もあったわけですよ。だから向こう（新東宝）にも行かなかったし、じゃこっちでできるかというと、結局会社じゃできないわけだから。

（本多猪四郎／前掲書）

東宝教育映画社は、東宝砧撮影所の本体が争議の混乱で劇映画が製作できなかったのを補完する役割を担った。それも一九五二年に東宝本体の製作再開に伴い解散する。しかしその経緯は不明だが、一九六〇年代に教育映画配給社として、教育映画を学校などに貸し出す業務を行った他、目黒区柿の木坂にあった元ラジオ映画撮影所を「教配スタジオ」として貸しスタジオの営業活動もしている。

一九六四年公開の篠田正浩監督の『乾いた花』も松竹大船ではなく、教配スタジオで撮影されたものである。主演の池部良は、一九六〇年の芸術座公演『敦煌』（菊田一夫演出）で初舞台を踏んだものの、演技が不評ですぐに井上孝雄へ交代するという降板劇をおこしていた。当時「池部良はもうだめだ」といわれていたが、『乾いた花』に出演後、これを見ていた東映の岡田茂が池部をスタイリッシュなヤクザに起用し大ヒットを生んだ。それが、高倉健との共演で一九六五年から始まった『昭和残侠伝』シリーズである。ちなみに、この東宝現代劇の俳優・井上孝雄の玉川高校時代の親友で演劇仲間の一人が、円谷英二の次男、円谷プロの社長も務めた円谷皐《のぼる》である。

松竹を辞めた後の大島渚は、一九六一年にパレスフィルム・プロで大江健三郎原作の『飼育』、一九六二年に東映で『天草四郎時貞』などを撮り、一九六五年にやはり教配スタジオで『悦楽』を撮影した。この作品はセックス表現が話題になり松竹で公開されてヒット。以後、一九六八年の『帰ってきたヨッパライ』で「作品の意図が理解不能」という理由で配給を断られるまで、大島映画は元の会社である松竹で公開されることになった。

いずれにしても、大手の松竹でも自社撮影所作品だけでは、公開系統を維持できなくなっていた。そして、従来ホームドラマを得意としてきた松竹を代表とする大手製作会社は、テレビにそれを取られたことにより、五社とは別の巷の独立系の映画館が公開して大ヒットを続けていた「性的表現」を中心としたピンク映画風の作品に次第に傾斜していくことになる。また、時代劇が不振となった東映では、一九六〇年代中頃からヤクザ映画に一気に傾き、鶴田浩二、高倉健、そして藤純子らによるヤクザ映画全盛時代を迎えることになる。

12　円谷英二の戦後　敗戦直後の日本と東宝スタジオ

一九四五年八月十五日､昭和天皇はラジオ放送でポツダム宣言の受諾を国民に発表し､三年八カ月の太平洋戦争は、わが国の敗戦で終わった。

その時、円谷英二は何をしていたのだろうか。一月に東宝で成瀬巳喜男監督の『勝利の日まで』、二月に衣笠貞之助監督の『間諜海の薔薇』でそれぞれ特殊技術を担当したが、五月には大映に行って野淵昶監督の『生ける椅子』の特技を担当し、東宝に戻って山本嘉次郎監督の『海軍いかづち部隊』の特技を担当する予定だった。だが、八月八日に召集を受ける。なんと四十三歳だった。徴兵年齢は、軍医を確保する目的もあって順次繰り上がっていて、最後は四十三歳だった。この年齢で召集された著名人には文学者の中野重治がいるが、彼は病弱だったので、教育召集で長野に行かされた。当時四十三歳といえば、高齢者の部類であり、そのような者まで動員しなければならないほど日本軍は兵員に不足していたのである。

終戦の一週間前、八月八日に私は赤紙の召集令状を受け取った。……（中略）この私に一向に令状がこないのだから薄気味悪かったが、内心は幸運を密かに喜んでいた。ところが、召集義務年限のギリギリになって、突如赤紙が舞い込んできたのだから、全くガックリと来てしまった。然し当時私は軍関係の映画を作っていたので、憲兵隊の許可を受けて入隊を一週間延期して貰ったし、海軍省の計らいですぐに除隊になる約束もあったので安心はしたものの、戦局が最悪の事態になったので、一抹の不安を抱きながら上野を出発した。空襲になやまされて仙台には、翌朝つまり八月十五日についた。部隊は市内の小学校で、雨天体操場に起居していた。すぐ被服の支給を受けたりしている内に昼になった。そしてあの放送である。

体操場には、大きなラジオがあったので、その前に整列させられた。先ず将校の訓示でいよいよ本土決戦の覚悟を強いられた。悲哀とも緊張ともつかない複雑な絶望感に私はシュンとしてしまった。ところが意外にも終戦悲壮感も沸いたが、正直なところ私はホッとした。急に体がふくれあがるような解放感を覚えたのである。

さて、戦時中は、トリックが重要な役割を果たして多忙だったが、今後は私以下今日迄に成長して来た技術者をどうしたらよいか、日本の映画界が今後も自由に製作がつづけられるとしたら。私の新たな不安がそこからはじまった。

これは、一九六〇年の八月十五日の「キネマ旬報」に書かれた円谷の手記だが、非常に正直な感想だと思う。三百人近くの特撮技術者を抱え、それまでの映画の注文主だった陸海軍を失い、どうやって自分と部下に仕事をやらせていくのか、途方に暮れたに違いないと想像される。では、他の日本人はどのような思いで、八月十五日を迎えたのだろうか、三人の文学者の日記を見る。最初は、四十三歳で召集された中野重治である

八月一五日　晴、出動ノ車上デ空襲、飛下リテ桑畑ニ避難。学校ノスグソバニ爆弾落チタ様子、一二時ノ発表停電ノタメキケズ。間モナク無条件降伏ノコトト分ル、作業中止シテカヘル。七時迄警戒兵。

八月一六日　作業器具取リアツメ、隊長ヨリハ兵ニ対シテ何ヲ正式ノ通達ナシ……（中略）コノ間兵隊ノサワギ大キクナリ、荷物取リマトメ、階級章取リハズシソノ他ノ

コトアリ、兵ノ要求ニヨッテ部隊長、前部隊長、隊長来ル、同ジク要求ニヨッテ勅語ヲハジメテ読ム。午後九時ナリ。部隊長ノ話テンデ分ケワカラズ。

（中野重治『中野重治一九四五年夏』）

すぐに軍の統制が乱れはじめていることが記されている。次は、第一次戦後派の小説家の一人で、『桜島』『ボロ屋の春秋』などを書いた梅崎春生。当時三十歳で、鹿児島県坊津で暗号士をしていた。

七月二三日　芳賀壇がかいたもの、ドイツは古代人のような、単純な、偉大な文化を志していた由。そのようなものが一朝にして滅びたことは、まことに悲壮である。都市は焼かれ、その廃墟の中から、日本が新しい文化を産み出せるかと言うと、それは判らない。しかし、たとえば東京、江戸からのこる狭苦しい低迴的な習俗が亡びただけでもさばさばする。平和が来て、先ず外国映画が来れば、又、日本人は劇場を幾重にも取囲むだろうとふと考えた。……（中略）極言すれば日本には文化というものはなかったのだ。

八月一六日　一二月八日が突然来たように、八月一五日も突然やってきた。ソ聯の参戦。そして日ならずして昨日、英米ソ支四国宣言を受諾する旨の御宣詔。原子爆弾。昨日は、朝五時に起きて、下の浜辺で検便があった。朝食後受診。依然としてカユ食。夜九時から当直に行った折、着信控をひらいて見て、停戦のことを知り、目をうたがう。これからの先どうなるのか。領土のこと。軍隊のこと。賠償のこと。又、ひいて、国民生活のことなど。いろいろ考え、眠れず。（梅崎春生『梅崎春生全集第七巻』）

なかなか鋭い面白い見方である。特に、前世代への批判が感じられ、戦後に世代的な自己主張をする戦後派文学者らしい、だがやはり庶民派文学者の見方である。最後に、作家・高見順の日記は一番正鵠を射ているように思える。

八月一五日　警報。情報を聞こうとすると、ラジオが、正午重大放送があるという。天皇陛下自ら御放送をなさるという。かかることは初めてだ。かつてなかったことだ。……（中略）それとも──或いはその逆か。敵機来襲が変だった。休戦ならもう来ないだろうに……。

「ここで陛下が、朕とともに死んでくれとおっしゃったら、みんな死ぬわね」と妻が言った。私もその気持ちだった。

……（中略）

一二時、時報。
君が代奏楽
詔書の御朗読。
やはり戦争終結であった。
君が代奏楽。つづいて内閣告愉。経過の発表。
――遂に負けたのだ。戦いに敗れたのだ。
夏の太陽がカッカと燃えている。目に痛い強い光線。烈日の元に敗戦を知らされた。
蝉がしきりと鳴いている。音はそれだけだ。静かだ。

そして高見は、家を出て電車に乗る。その車中での出来事である。

「何かある、きっと何かある」と軍曹は拳を固める。

「休戦のような顔をして、敵を水際までひきつけておいて、そうしてガンと叩くのかも知れない。きっとそうだ」
私はひそかに溜息をついた。……敵を欺して……こういう考え方は、しかし、思えば日本の作戦に共通のことだった。この一人の下士官の無知陋劣という問題ではない。こういう無知な下士官にまで浸透しているひとつの考え方、そういうことが考えられる。すべて欺し合いだ。政府は国民を欺し、国民はまた政府を欺す。軍は政府を欺し、政府はまた軍を欺す、等々。「司令官はこういった。戦いに敗けたのではない。戦いが終わったのだ。いずれわしが命令を下すまで、しばらく待っておれ。こういった。……何かある。きっと何かやるんだ」と軍曹はいった。
（高見順『敗戦日記』）

ここにあるのは、日本人全体が互いに騙しあい、監視しあい、戦争を推進していた姿である。この高見順と同様の日本人の弱さを鋭くした映画人に伊丹万作がいる。監督、脚本家で、卓越したエッセイも書いていた彼も、敗戦の翌年の一九四六年に書いている。

さて、多くの人が、今度の戦争でだまされていたという。みながみな口を揃えてだまされていたという。私の知っている範囲ではおれがだましたのだといった人間はまだ一人もいない。ここらあたりから、もうぼつぼつわからなくなってくる。多くの人はだましたものとだまされたものとの区別は、はっきりしていると思っているようであるが、それが実は錯覚らしいのである。たとえば、民間のものは軍や官にだまされたと思っているが、軍や官の中へはいればみな上のほうをさして、上からだまされたというだろう。上すなわち、だましていた人間の数は、一般にかんがえられているよりもはるかに多かったにちがいないのである。……（中略）そこで私は、試みに諸君にきいてみたい。「諸君は戦争中、ただの一度も自分の子にうそをつかなかったか」と。たとえ、はっきりうそを意識しないまでも、戦争中、一度もまちがったことを我子に教えなかったといいきれる親がはたしているだろうか。

（伊丹万作「戦争責任者の問題」『新装版 伊丹万作全集1』）

そして、伊丹は続けて言う、「だまされること自体に問題があり、それは悪だ」と。

しかも、だまされたもの必ずしも正しくないことを指摘するだけにとどまらず、私はさらに進んで、「だまされるということ自体がすでに一つの悪である」ことを主張したいのである。だまされるということはもちろん知識の不足からもくるが、半分は信念すなわち意思の薄弱からくるのである。……（中略）我々は昔から「不明を謝す」という一つの表現を持っている。これは明らかに知能の不足を罪と認める思想にほかならぬ。つまり、だまされるということもまた一つの罪であり、昔から決していばっていいこととは、されていないのである。……（中略）つまりだますものだけでは戦争は起こらない。だますものとだまされるものがそろわなければ戦争は起こらないということになる。戦争の責任もまた（たとえ軽重の差はあるにしても）当然両方にあるものと考えるほかはないのである。

最後に伊丹は、次のように自分の立場を結論付け、瓜生忠夫ら左翼の「自由映画人聯盟」から話が来た、映画界における戦争責任者の指弾と追放の主唱者になれないという。

こうして私のような性質のものは、まず自己反省の方面に思考を奪われることが急であって、だました側の責任を追及する仕事には必ずしも同様の興味が持てないのである。

では、東宝の責任者であり、円谷英二の上司であった森岩雄は、どのようにこの敗戦の迎えたのだろうか。

昭和二〇年八月一五日に、日本は遂に降参をして、天皇は全国民に放送をされた。私は砧撮影所の広場で所員と一緒にそれを承った。暑い日ざしの中に直立して感慨無量なものがあった。そのとき蝉がたくさん啼いていた記憶がある。日本がはっきりと手をあげることになったことは、半月くらい前から私にはわかっていた。それは朝日新聞の鈴木文史郎から毎晩のように情報を聞いていたからである。……（中略）その時、撮影所で海軍省の企画で、会社を挙げての大作『海軍いかづち部隊』という、近寄る敵艦船を体当たりして防戦する決死隊の話であり、山本嘉次郎監督を中心に大勢のスターとスタッフを千葉の館山にロケーションさせていた。（森岩雄『私の芸界遍歴』）

その館山も空襲の危険もあり、すぐに東京に戻させたいが、大っぴらにやると憲兵隊に問題視されるので、森は「密使」を送って以心伝心で伝え、終戦後すぐに戻って来たという。これに対して山本嘉次郎の八月十五日の日記。

快晴。正午、陛下のご放送を拝す。宿の玄関に電蓄あり。一同板の間に坐りシュンシュンと泣く。自分は玄関から二階の室に逃げた。どうにもこうにも腹が立って仕方がなかった。窓外は、いたずらに夏の陽がまぶしく、海の方の空は目もくらむような紺青だった。自然と人生との間に、こんなにも大きな隔たりを感じたのは、初めてだった。……（中略）夕刻宿に戻ると、藤田進と月田一郎とは向かい合って酒を飲んでいたが、顔中は水だらけである。涙であった。デコ（高峰秀子）たちは、一時間ほど前に帰ったと聞き、肩の重荷をおろした思いだった。

（山本嘉次郎／前掲書）

これを読むと山本嘉次郎は、本気で戦争で米国に勝利できると考えていたようだ。あるいは、むしろ山本らの方が普通の日本人の考え方で、敗戦からすぐに次の映画を考えつく森岩雄のような日本人の方が少数だったのかもしれない。森岩雄は東宝の映画責任者として素早く次の方策を考える。

戦争に負けた。占領軍が日本にどんな考えをもつのか、映画は一体どうなるのか、今度はそういう問題にぶつかった。……（中略）私はどんなことになっても映画はなくならないし、大衆にとってもいよいよ娯楽として必要になると思ったので、幸い生フィルムのストックも少々あったから、いろいろな企画の中から黒沢明が提出していた『虎の尾を踏む男達』その他を採りあげて製作することをきめた。これは撮影所の士気を落とさぬためにも大切だと思ったからである。

（森岩雄／前掲書）

だが、黒澤は、自伝『蝦蟇の油』では、戦時中から『勧進帳』をもとにした『虎の尾を踏む男たち』を、大河内伝次郎と榎本健一の主演で作っていたとしている。八月十五日をはさみ、八月末に時代劇ミュージカルは完成する。だが、検閲制がまだ残っていて、検閲官の嫌がらせで検閲未了となり、映画は上映されず、米軍の占領が終了した一九五二年四月に公開されたというのが彼の説明である。私は、『虎の尾を踏む男たち』を最初に見たときから、この説明は違うと考えてきた。理由は、『虎の尾を踏む男たち』は、全編をとおして楽天的な解放感に包まれていて、義経や弁慶たちが安宅の関を越え、最後のエノケンとの酒宴になると祝祭感すらあるからである。戦時中から、このような解放的な祝祭感を持っていた日本人はいないと思う。一応、黒澤明の記述を見る。

私は、一九四五年八月一五日、天皇の詔勅のラジオ放送を聞くために、撮影所へ呼び出されたが、その時歩いた道の情景を忘れることが出来ない。往路、祖師谷から砧の撮影所まで行く商店街の様子は、まさに一億玉砕を覚悟した、あわただしい気配で、日本刀を持ち出し、その鞘を払って、抜身の刃をじっと眺めている商家の主人もいた。……（中略）しかし、撮影所で終戦の詔勅を聞いて、家へ帰るその道は、まるで空気が一変し、商店街の人々は祭りの前日のように、浮々とした表情で立ち働いていた。これは、日本人の性格の柔軟性なのか、それとも虚弱性なのか。この両面は、私自身の中にもある。……（中略）私達日本人は、自我を悪徳として、自我を捨てる事を良識として教えられ、その教えに慣れて、それを疑う事すらしなかった。私は、その自我を確立しない限り、自由主義も民主主義も無い、と思った。戦後の第一作「わが青春に悔なし」は、その自我の問題をテーマにしている。（黒澤明『蝦蟇の油 自伝のようなもの』）

随分と都合のよい説明だと思う。もし、玉音放送前の黒澤が、抜き身を払って眺めている商店主と同じだったとすれば、『虎の尾を踏む男たち』の楽天性はありえないからで、これは事実と違う。この製作時期については、映像社会論を専門とする中村秀之が著書『敗者の身ぶり』（岩波書店・二〇一四年）の中の「歴史の闇をうつす」で、義経を演じた仁科周芳（岩井半四郎）や製作作主任だった宇佐美仁の証言などから、この作品は、八月十五日以降に作られたことを実証している。では、なぜ黒澤は、戦時中から『虎の尾を踏む男たち』を作っていたなどと事実と異なることを言っているのだろうか。

それは、実は彼が別の作品の準備をしていたのを隠すためなのだ。戦争末期に黒澤が企画していた作品は、山本周五郎の小説を原作とする時代劇『荒姫様』である。黒澤の京華中学時代の同級生で、『素晴らしき日曜日』と『酔いどれ天使』では黒澤と共同で脚本を書いた植草圭之助は、小説『わが青春の黒沢明』の中で次のように書いている。一九四五年夏頃に黒澤から聞いた話だという。

「簡単に言えばジャンヌ・ダルクみたいな。原作は山本周五郎の『日本婦道記』の中にある中編小説だが、戦国時代、在る山城で籠城中の荒姫がヒロインでね……（中略）

味方の軍団ことごとく壊滅して、敵の重囲の中で老人、女、子供ばかりの城を護って戦い抜くっていう話だ。君の好きな原節ちゃんで、悲壮美を描きたいんだ」

「残念だが、大合戦は無し。その代わり、荒姫が城中に残っている少年たちを鍛錬して、十数騎、夜陰に乗じて、敵陣へ殺到するんだ。綺麗だぜ」

（植草圭之助『わが青春の黒沢明』）


さらに同書では、東宝スタジオで監督の島津保次郎と俳優の徳川夢声が会話していたとの記述がある。


「ああ、例のジャンヌ・ダルクか、知ってる。あれはあかんよ、意見聞かれたから竹井君に言っといた。会社じゃアメ公の本土上陸に備えての好企画だって熱こんでいるが、そんな！　こんなときこそ芸術を作らなやぁ」

と、拳で卓をたたいた。

「御説の通りです」

酔いで桜色になった頰の皺を刻ませながら、徳川夢声が大きく頷いた。

『荒姫様』は、山本周五郎の『笄堀』から構想された。豊臣秀吉による天正十八年の小田原の北条氏攻めにおける埼玉の忍城の攻防戦が題材で、和田竜の小説『のぼうの城』と同じである。三百人の城方に対して三万人の石田三成軍らが包囲している。城主の成田氏長は小田原に行き、城には奥方の真名女がいる。老家臣たちが、降伏を言う中で奥方は戦いを決意し、町人、百姓までも城に入れて互角以上の戦いをしている。女たちは、堀を掘る作業に従事し、ある日、堀で、奥方が身につけていた笄を見つける。そして、城に笄を持って行き、「これはおかたさまのでは……」と行くと、そこにいたのは真名女ではなく、母によく似た娘の甲斐姫だった。つまり、真名女は、身分を隠して掘削作業に従事していたのである。この一致団結の力で、石田三成の城攻めは失敗し、北条方が小田原で秀吉に降参するまで持ちこたえる。昭和十八年一月に発表された露骨な、しかしよくできた戦意高揚小説で、戦後は山本周五郎も『日本婦道記』に入れなかった（現在は短編集『髪かざり』に収録されている）。

『笄堀』を黒澤が映画に構想した時、おそらく、真名女と娘の甲斐姫を、原節子が二役で演じるものだったと私は推測する。原節子の二役というのは、見る者にとって心踊る企画ではないか。
さて、原節子が演じた「二役」といえば、戦後一九四六年の『わが青春に悔なし』がある。ここでは、原節子は、前半は大学教授のお嬢様として上品に演技している。だが、恋人の藤田進が反戦運動で逮捕、殺害される。そして、戦時中に彼の実家行くと、彼女は田の泥にまみれ髪振り乱して猛烈な労働に励む。その変化は観客に異常な感動を与える。これはよく考えると二役であり、原節子に上品なお嬢様と、髪振り乱して働く女を演じさせるというアイデアは、幻の映画『荒姫様』を黒澤が構想する中で得られたものだと私は思う。『荒姫様』の製作中止を、巧みに原節子の『わが青春に悔なし』の二役演技に転換した黒澤明の才能は凄いというしかない。

『荒姫様』のことをなぜ彼は、彼の自伝その他の記録から除外し、その代わりに『虎の尾を踏む男たち』を製作していたと記述したのだろうか。それはやはり一億総玉砕を明らかに暗示させる悲壮美の映画を準備していたという事実を、戦後になってなかったことにしたかったのだろう。『虎の尾を踏む男たち』は、極端にひどい条件下でも、娯楽映画を工夫して撮っている黒澤の才能が感じられる、明るく楽しい作品である。そこには、やっと戦争が終わった安堵感と幸福感がある。比喩的にいえば、戦争と軍部の圧制は、義経を追討する頼朝と梶原が作った安宅の関所であり、そこをやっとの思いで通過する義経主従は、戦争の重圧から解放された黒澤たち撮影所の人間の、精一杯の解放感が表現されているといえるだろう。この楽しさは、本来思想的主題には無関係で、楽天的な娯楽映画監督の黒澤の本質がよく表れていると思う。

黒澤明の言う戦後第一作『わが青春に悔なし』が作られるのは、終戦から一年後のことだ。その前に、戦後の日本社会の激変があった。一九四五年秋、陸軍を除隊後、二十一歳で再び東宝に戻った助監督の広澤栄は、東宝砧撮影所の変化の激しさに唖然としていた。

戦争が終わった。燃えたつような真夏の昼さがり、フィルムがプツンと切れたように突如終了した。それは白日夢のような気がした。私にとって戦争というものは小学校に入学した年からずっと存在していた。……（中略）敗戦と言う未曾有の混乱、また進註軍による軍政の中でも、活動屋は異様なバイタリティを発揮していた。敗戦直後の九月にクランクインした映画に私はついたが、その映画の内容は戦争とか敗戦についてみごとなほどふれていない。焼跡にロケーションした。崩れ果てた廃墟に立った轟夕起子が鳥肌がたつような寒々しいイブニング姿でラララ……と歌った。その胸がむかつくしらじらしい風景が敗戦そのものの景色であった。そのころ撮影所長、森岩雄によって〈new face, new plot, new treatment〉という標語がかかげられた。つい昨日まで戦意高揚映画をつくっていたが、今日からは民主主義のスタジオへと看板の架け替えであった。その変わり身の早さにはただ唖然とするばかりであった。

（広澤栄『私の昭和映画史』）

これは、戦中戦後の撮影所を書いた中で、非常によく描かれた記述だと思う。

一九二四年小田原に生まれた広澤は、神奈川工業学校図案科を出て一九四四年四月東宝撮影所の助監督になった。九月に徴兵されて九十九里海岸で塹壕掘りに従事したが、秋には除隊となって撮影所に戻った。出征直前に廣澤が助監督でついた映画は一九四四年二月の衣笠貞之助監督、藤田進、轟夕起子主演の防諜映画『間諜海の薔薇』。また戦後、同じ女優の轟夕起子が焼け跡で歌った映画は、一九四五年十一月の阿部豊監督、榎本健一、轟夕起子主演の『歌へ！太陽』である。『歌へ！太陽』は、劇場が舞台となっており、スター歌手の梢役に轟、幸雄役・灰田勝彦、浩一役・川田晴久も歌い、そして途中から現れる梢の兄・修吉役の榎本健一、さらに劇場職員の高瀬實と竹久千恵子らがからむバックステージものである。轟と灰田の、本当は好きだがいつも喧嘩ばかりしているコンビのラブ・コメディが芯で、竹久と高瀬がいい年をした男女の対立を演じる。そこに竹久の偽の息子になるエノケンのエピソードなどが絡んでくるが、スターの歌と踊りを見せる映画で、内容は大したことはない。

私は二〇一三年の十一月、フィルムセンターでの東宝特集で見たが、そこには焼け跡で轟夕起子が歌うシーンはなかった。劇場内の話なので、戦後の現実を入れると違和感が生まれるため、カットしたのだと思う。監督の阿部豊にとっては、戦後の廃墟の姿など、見たくない風景だったはずだ。なぜなら彼は、円谷英二特撮の『翼の凱歌』『南海の花束』、さらに明らかに戦意高揚の反米映画『あの旗を撃て！』を監督しており、日本の敗戦は受け入れがたいものだったからである。彼は後に新東宝で『戦艦大和』や『日本敗れず』なども作っている。私は、焼け跡で歌う轟夕起子の姿が見たかったのだが。

広澤栄はこの映画を「戦争や敗戦にふれていない」と書いているが、私には触れているように見えた。それは、互いに対立していた轟と灰田、竹久と高瀬らが、最後の主題歌『歌へ！太陽』の合唱で、みな和解することにある。監督の阿部豊は、戦時中に戦争に積極的に協力した映画人の一人である。だが、もともと彼は、若き日に単身渡米し、ハリウッドで映画を学び、帰国してからはジャッキー・阿部として、非常にアメリカ的なバタ臭い映画を作っていて有名で、日本の映画監督で最初に自家用車を持ったのは阿部だと言われている。その彼が、一転して戦時中は反米映画を作っていたというのは、非常に不思議である。そこには渡米経験があった近衛内閣の外務大臣・松岡洋介が、「アメリカ人には強く臨まないとなめられる」として対米強硬姿勢を取ったような、彼らのアメリカへのコンプレックスが感じられる。阿部豊にも、戦争責任は大いにあったわけだが、そうした過去のことは水に流して、日本人は互いに和解しようというのが彼の考えのようで、もちろん、これは非常に虫のよい考えであることは言うまでもない。

一九四五年夏頃、山本嘉次郎は、『アメリカようそろ』とは別に、原節子、榎本健一、藤田進らの出演で『快男児』を監督していた。だが、八月十五日に日本の敗戦に直面したときの山本の態度について、原節子の見方は、きわめて辛辣である。

終戦まぎわに明治時代もので、英米こうげきストーリイの映画を撮影中でした。戦争に負けたから、この映画は中止になるかと思ったら、「英米をやっつけるところをあべこべに、英米を崇拝する様にそこだけ撮り直そう」というわけで、そのまま撮影を続けるというのにはびっくり。八月十五日を境にして、こうも器用に変えられるとするならば、そんな程度のものなら、「映画ツてなんだろう」と考えました。

（四方田犬彦『李香蘭と原節子』）

山本の折角の工夫にも関らず、同作品は占領軍によって公開を許されず、一九五三年に『恋の風雲児』と名を変えてひっそりと上映された。四方田犬彦が著者『李香蘭と原節子』で指摘するように、戦後原節子は、山口淑子（李香蘭）の引退記念の映画『東京の休日』へのゲスト出演以外、山本監督作品に一本も出ていない。これには、こうした山本の変節に対する原の軽蔑もさることながら、異性関係にきわめて潔癖だった原にとって、山本の女性関係の放埓さも許せない原因の一つだったに違いない。

さらに山本については、後に「社長シリーズ」や『人間魚雷回天』等を作った松林宗恵も証言している。彼は、一九四三年十月に学徒出陣で出征し、戦後復員して田舎にいると、一九四六年三月急遽東宝から呼ばれた。そして、黒澤明、山本嘉次郎、関川秀雄が共同監督の組合運動宣伝映画『明日を創る人々』の山本班のセカンド助監督につくことになった。そのとき松林は、監督山本嘉次郎に言った。

大変失礼なことを申し上げるようですが、この作品はお撮りになるのは辞めたほうが良いんじゃないでしょうか。戦意高揚映画を作ってきたことからいって、二、三年は沈黙して、しばらく世の中のことをご覧になってからが良いんじゃないでしょうか。

すると山本は、はっきりと答えた。

映画監督は新聞記者と同じでいいんだ。世の中の移り変わりに絶えずついて行けばいいんだよ。気にするな。

（松林宗恵『映画論叢21』）

さらに「オポチュニズムじゃないか」と聞く松林に「オポチュニストで良いんじゃないかね」と断言したという。

ここまでくると身も蓋もないが、この辺が日本の映画監督の平均的水準だったのであろう。その意味では、オポチュニスト山本嘉次郎とは全く正反対に、自分の戦争への責任を強く感じ、戦後の作品に真摯に内面的に反映させていくのは、黒澤明だった。山本嘉次郎のことを黒澤明は、自分の師匠のように語っているが、戦中、戦後の二人の軌跡を考えると、これほど正反対の監督も珍しい。むしろ、黒澤が山本から学んだのは、東京の裕福な家庭に生まれて生活をエンジョイする態度、ファッション、ゴルフなどであり、軍人の家に育ち父親の失職で恵まれない青年時代を送ってきた黒澤に欠けていたそうした豊かさだったのだと私は思う。

では、円谷英二は、といえば典型的な技術者、相当に職人的な技術者としての一庶民の立場だった。だから、思想的立場で考えれば、組合に主導権を握られていた東宝よりも、より自由な立場で映画作りを楽しもうとした新東宝に近いはずだったが、円谷は新東宝には参加しなかった。その理由は、やはり森岩雄がいずれ東宝には戻ってくると信じていたからだろう。事実、東宝を公職追放で辞めた森は、一九五一年設立の連合映画に一時的に籍を置き、数本の作品を作りつつ機会をうかがい、一九五二年には東宝に復帰する。

戦後の円谷英二の軌跡をたどると、先に書いた一九四五年八月の召集の後、彼は東宝に戻り特撮を担当している。一九四五年十二月に公開された斎藤寅次郎監督の現実を極めて痛烈に風刺した快作『東京五人男』が戦後の最初である。一九四六年は、豊田四郎の『檜舞台』、今井正監督の『民衆の敵』、衣笠貞之助監督の『或る夜の殿様』などで、一九四六年に東宝が公開した十八本中、八本で特撮にかかわっている。

一九四七年は、争議のために東宝の製作本数も減り、円谷の担当作品は二本のみ。そして一九四八年三月、GHQ（連合軍総司令部）から公職追放の指定を受けて東宝を退職し、祖師谷の自宅に円谷特殊技術研究所を設立、松竹の『颱風圏の女』などを担当した。一九四九年には大映で『透明人間現わる』『幽霊列車』の特撮シーンを担当。一九五〇年東映の『きけ、わだつみの声』の特撮も担当し、この年に円谷は、東宝撮影所内に円谷特殊技術研究所を移設するなど次第に東宝への復帰が近づく。そして一九五三年秋、松竹の大庭秀雄監督の『君の名は』第一部が終わると東宝に戻り、同年十月の本多猪四郎監督の『太平洋の鷲』で戦後本格的な特殊撮影をすることになる。ここで、東宝における監督・本多、製作・田中友幸、特技監督・円谷英二のトリオが成立する。

ＧＨＱが戦後日本で行った改革は、政治的には、一九四七年五月の「日本国憲法」の制定に結実する。その趣旨は、「国民主権」、「平和主義」、さらに「基本的人権の尊重」である。経済面では「財閥解体」、「農地改革」、そして東宝と円谷たちにも大きく関係する「労働改革」だった。

一九四五年の日本の敗戦直後、日本共産党と労働組合がどれほど輝かしかったことか。新しい時代の方向性を示す存在だとほとんどの日本人が思い込んでいたことを、現在ではまったく想像することができない。日本共産党幹部の野坂参三が中国の延安から帰国し、一九四六年一月二十六日、日比谷公園に三万人を集めた「帰国歓迎国民大会」が開かれた。そのとき、歓迎の辞を読んだのは、昨日までは軍神役者であった藤田進である。これは、「時代は変わった！」ことを国民に見せるための宮島義勇の演出だった。

東宝では、一九四五年十二月には砧撮影所に委員長・篠勝三（制作）、副委員長に山田典吾（製作）と安恵重遠（録音技師で、俳優・藤原釜足の弟）で東宝撮影所労働組合ができた。一九四六年一月には、本社職員等も含めた東宝従業員労働組合が、委員長・伊藤武郎（製作）、書記長・宮島義勇（撮影）で結成される。さらに、同月十三日には、日映演（日本映画演劇労働組合）が組織される。委員長は、シナリオ・ライターの八木保太郎。副委員長は共産党の岡本潤（脚本）、書記長の坂斎小一郎（撮影）、二人は戦前からの共産党員だが、副委員長には俳優の徳大寺伸が入り、中央委員には監督の山本嘉次郎もいて、撮影の三浦光雄らも入っていた全映画界的な組織だった。

そして、今から考えれば、到底信じられないことだが、この時の東宝従業員労働組合には、山本嘉次郎、黒澤明、成瀬巳喜男、衣笠貞之助、豊田四郎らの監督、八住利雄、井出俊郎らの脚本家、伊藤武郎や藤本真澄らのプロデューサーはもちろん、長谷川一夫、大河内伝次郎、高峰秀子、山田五十鈴らの大スター、さらには映画館の従業員も含んだ、東宝社内の全職員加盟の組織だった。非組合員は、取締役と総務、経理、秘書の部課長のみの異常な構成だった。このことが後に深刻な対立と分裂を引き起こす原因の一つになる。一九四六年三月、組合は、組合の承認の他、団体交渉権の確立や給与改定等の要求を掲げてストライキ（第一次スト）を行い、簡単に要求を勝ち取ってしまう。その要求の中に経営や企画への参加があり、これは企画審議会として、後に重要な意味を持つことになる。

恐らく円谷は、こうした東宝の急激な変化を、例によって何も言わずに見ていたのだろうと想像する。それが「テヘラ亭」の円谷英二だった。

13　敗戦直後の東宝スタジオの変貌

一九四六年五月は、戦後初のメーデーで、東宝は記念作品『明日を創る人々』を製作する。監督は山本嘉次郎、関川秀雄と黒澤明の三人。よく知られているように黒澤は、「労組に作らされた作品」として自分の作品歴に入れていない。だが、『明日を創る人々』が組合に作らされた映画なら、戦時中の『一番美しく』も軍に作らされた作品というべきで、これを自己の作品歴に入れているのは筋が通らない。二〇〇四年九月、フィルムセンターで行われた高峰秀子特集で私は『明日を創る人々』を見たが、作品は黒澤色の強いものとなっており、黒澤は組合活動を支持していたことがわかる。

映画では、製鉄所（日本鋼管）、浅草のレビュー小屋、民間鉄道（小田急）、映画撮影所（東宝）の組合運動が描かれる。下宿人・堀誠三（森雅之）が運転手をしている鉄道会社や、父・岡本銀太郎（薄田研二）の製鉄所における組合員集会の迫力と表現主義的な映像、長女でスクリプターのよし子（中北千枝子）が働く撮影所での速い移動による撮影風景、さらに最後のメーデー行進の部分は、画調から見て明らかに黒澤の演出である。たぶん山本は家庭（岡本家）と浅草のレビュー小屋の部分、関川は基本的な記録的部分の演出を担当し、『明日を創る人びと』の中で、最もダイナミックで印象的なシーンは、黒澤の演出だと推測できる。だが、わずか十日間で作られた作品の評判は悪く、一般にはまったく受けず、組合側にも不評だった。日劇での試写を見た共産党書記長の徳田球一も「観念的でつまらないね」と言ったという。

さらに、この頃組合が主張していた経営への参加と生産管理は、黒澤が一貫して主張している現場重視の考えと一致し、作家の主体性の確立にも沿う。黒澤にとって、それは理想的なものであったから、その限りでは組合を支持できたはずである。黒澤の理想の撮影所は、彼が若い時に経験した初期のＰＣＬである。そこは、開明的な若手経営者の下、大望を抱いた元左翼の青年に指導され、確かな才能の俳優と技量のある技師によって小規模に映画が作られるベンチャー企業だった。創生期の新規産業のユートピアとでも言おうか。戦争を経て、すでに巨大なメディア産業となった映画会社とは似ても似つかぬ姿である。こうしたことからもわかるように、黒澤は本質的に職人的な人であり、その意味では、渡辺邦男、マキノ雅弘、稲垣浩、森一生といった娯楽映画の職人監督に一番近い。また、その意味では円谷英二にも近い。

一九四六年、鳩山一郎自由党総裁が公職追放された後の政治的空白と混乱を経て、五月二十二日に第一次吉田茂内閣が成立する。だが、同月十二日には「米よこせデモ」、十九日には「食糧メーデー」などが起きる状況で、戦後社会は依然として騒然としており、共産党を代表とする反政府勢力が一番強い時代だった。

十月二十日、日映演主催のグランド・ページェント『芸術復興祭』が後楽園球場で行われる。築地小劇場以来の演出家・土方与志の総指揮の下、山本薩夫が演出助手を勤めた。山本嘉次郎の司会で、戦前の弾圧、戦争、そして廃墟から立ち上がる労働者の姿を、朗読やコーラス、シュプレヒコールなどをまじえた群像劇として表現するもので、山本安英、杉村春子ら新劇人とともに長谷川一夫、高峰秀子らの映画スターも出演、二万人の観衆を集めて成功を収めた。だが、長い間、主役を当然とし、多数の脇役を従えて大見栄を切る芝居をやってきた長谷川たち大スターを、群衆の一人にしてしまうことは、彼らのプライドを傷つける大変に無神経な行為だった。こうした組合活動への参加の強制は、彼らの中に組合への反発を生み出してゆく。誰にも先が見えなかった。その中での、急激な民主化とストライキだった。澤地久枝は、志村喬の評伝『男ありて』の中で書いている。

東宝争議を一言では説明できない。経営陣と日本共産党の対決の一面はあるが、どちらにも「未熟さ」と展望の欠如がある。はじめて映画会社に組合ができ、全国組織を作るのは、戦後の社会では当然のなりゆきだった。デモへの参加は、権利であり義務である風潮にあって、日劇から長谷川一夫が組合員といっしょに旗を振って出てきた辛そうな顔を、争議の議長だった伊藤武郎が記憶している。「時代が変わったから、義務と思ったのでしょうね」と言う。

（澤地久枝『男ありて―志村喬の世界』）

今から見れば、長谷川一夫が赤旗を振っていたなどとは到底信じがたい光景だが、皆が、そういう時代が来たのだと思っていたという以外に言いようはない。

十月末には、松竹、大映は、交渉妥結してストは終了したが、東宝のみは依然ストライキ中（二次スト）だった。すでに十月五日には、本社の職員の中から配給部などが日映演を脱退し、第二組合を作っていたが、十一月十三日に大河内伝次郎は、「御願い」という形で、彼の他、長谷川一夫、藤田進、入江たか子、山田五十鈴、黒川弥太郎、原節子、高峰秀子、山根寿子、花井蘭子ら十人のスターからなる「十人の旗の会」の意見を発表する。そして、これが組合分裂と新東宝の発足へつながっていく。

14　ゴムホースの水を浴びて

東宝スト中の集会『文化と闘争』から

そして、ついに一九四六年十一月十七日、日映演東宝砧撮影所分会の臨時大会が行われる。結局は組合の分裂、最終的には新東宝の設立に至る、この臨時大会の経過は、証言が立場によって異なるので、真相の解明は難しい。ただはっきりしているのは、組合派、あるいは渡辺邦男ら反組合派も、最初から分裂への明確な見通しや筋書きを持っていなかったことである。ところが、深夜外部との連絡を断つため、電話交換手を脅して電話線を切ったことを、古沢憲吾（渡辺邦男のチーフ助監督で、後に植木等の「無責任シリーズ」を監督する）が認める。そこから、渡辺邦男ら反組合派の責任を追及する「人民裁判」になり、組合は分裂してしまう。事態を冷静に見ていた高峰秀子は、その様子を『私の渡世日記』で描いている。少々長いが引用する。

組合の大会は、東宝撮影所のステージで行われた。……（中略）彼らが共産党員であることは、私も前から知ってはいた。彼らの仕事は優秀だった。彼らは知的で親切で、表情はいつも和やかだった。私は宮島義勇にへばりつき、宮森繁に絵の話を聞き、安恵重遠のブースに入りこんでふざけるのが楽しみだった。その中で、伊藤武郎とはもっとも親しかった。というのは、戦後、私を訪れるアメリカ軍の将兵たちが増すにつれ、英語の話せない私は、いつも伊藤武郎に頼んで通訳をしてもらっていたのである。……（中略）「進駐軍の通訳」と「日映演労働組合委員長」の伊藤武郎は、私の頭の中でどうしてもジョイントせず、私は当惑した。……組合の大会が終わり、青年行動隊と名づけられた若者たちの手でステージの扉が開かれたときは、もう夕暮れだった。……（中略）俳優課事務室から机と硯が持ち出され、机の上に巻紙が広げられた。つかつかと机に歩み寄った大河内伝次郎が署名する。続いて黒川弥太郎、藤田進……。「まるで忠臣蔵の連判状みたいだな」ボンヤリと見物していた私も、うながされて署名をした。……（中略）賽は投げられた。丁と出るか半と出るかは分からない。……（中略）翌朝、撮影所に出勤した私たちを、表門で待ち構えていたのは、放列のように並んだゴムホースの水鉄砲と、拡声器から流れるインターナショナルの歌声であった。……（中略）「裏切り者」「卑怯者」。それが私たちに向かって投げられた言葉だった。昨日の友は、今日の敵になったのである。

（高峰秀子『わたしの渡世日記 下』）

さらに一つ注目すべきは、委員長・伊藤武郎は、この大会の一週間前一九四六年十一月十日に共産党に入党したばかりで、中枢の宮島義勇らとは、統一した行動をとっていなかったことである。それは、反組合派も同じで、「十人の旗の会」の中心は、大河内伝次郎とされていたが、本当は長谷川一夫だった。だが、長谷川には、組合支持派の衣笠貞之助に『雪之丞変化』の恩義があるので、この日も来なかった。反組合派で、最初に第二組合を作った伊藤雅一は、その頃の長谷川は、まるで映画の殿様のようで、青柳信雄、渡辺邦男を家老職として従え、日映演に敢然と戦う「闘士」だったとしている。

その後、長谷川は新東宝に三本の作品を残して一年足らずでやめ、自分の新演技座で映画を作るが大赤字で解散し、一九五〇年に大映に入り時代劇スターとして活躍する。映画の二枚目が無理になった一九六〇年代以降は、再び東宝と提携し東宝歌舞伎をはじめ、東京宝塚劇場に君臨する。そこでは、脚本や共演者の選定、演出、音楽、振付、美術、衣装に至るまで、すべてを自分の意思によるワンマン舞台を作り上げた。同様に「十人の旗の会」に名を連ねた山田五十鈴も、敬愛する衣笠貞之助が組合支持であることから、すぐに会を抜けてフリーになり、その後は伊藤武郎らが作った独立プロで活動する。

ちなみに、渡辺邦男の渡辺天皇の他、宮島（義勇）天皇、そして黒澤（明）天皇が、日本映画界三大天皇と言われた。いずれも東宝という、最も近代的で民主的な撮影所に三人の天皇が君臨したことは大変に興味深い。他の会社は、大映の永田雅一、松竹の城戸四郎、日活では堀久作が絶対権力者で、他の者が天皇としての権力を持つことを許さなかったからだろうか。

東宝ストが、長期化、泥沼化した原因は、労使ともに一枚岩ではなかったことがあった。一般には会社側と共産党の影響を強く受けた組合が対立した、とされている。だが、東宝の経営陣には、旧東宝映画のＰＣＬ、Ｊ・Ｏ系と、旧東京宝塚劇場・阪急グループ系の対立があった。これは映画製作系と劇場興行系との対立でもある。組合側も宮島義勇（撮影）・

宮森繁（美術）・安恵重遠（録音）ら、戦後すぐに細胞を再建した戦前からの左翼派と、戦後に日本共産党に入党した伊藤武郎（製作）らとの立場は、必ずしも同一ではなかった。その現れが、十月十七日の臨時組合大会だった。伊藤は、議長としてスト賛成、反対の両者の意見を公平に出させ、その上でストライキの早期解決を模索し、役員改選を提起して大会を終了しようとする。伊藤が妥協点を見つけようとしていたのは、当時東宝の社長が大沢善夫で、大沢と伊藤は、京都の大沢商会映画部（J・Oの前身）以来旧知の仲だったこともあった。

また、反組合派のスタッフや俳優も、それぞれバラバラだった。この争議の中で、五所平之助、衣笠貞之助というサイレント時代からの監督が――二人ともリベラルな自由人だが――江戸っ子の「弱い者の味方」的心情から、組合を支持したことは、大きな影響力があった。これによって、世論も組合に同情的になった。

こうして、東宝から新東宝派が分裂し、彼らは東宝第二撮影所、すなわち元航空教育資料製作所を使って映画の新作を作り、東宝の配給機構を通して作品を上映することになる。短期間は製作・新東宝、配給・東宝という体制になったが、それは様々な人間の思惑からすぐについいえる。この時の組合運動の問題について、山本嘉次郎はその内幕を暴露している。一九四六年五月に行われた「米よこせデモ」の新聞の写真について、東宝にいた職員だと書いている。

Y君が赤旗をもって群衆の先頭に立って、坂下門を押して入っているところが写っている。群集の中には「チンはたらふく食っている。ナンジ餓えて死ね」というプラカードをもったものもいる。Y君は終戦まで撮影所の軍用専門の渉外係をしていて、海軍の嘱託となり、尉官待遇を受け、軍人と同じ第三種軍装をつけ、日本刀を腰にブラ下げて歩いていた。それが一夜にして、この有様である。（山本嘉次郎／前掲書）

東宝のエリートだった山本嘉次郎にとっては、戦中（戦争時は「新体制」だったので従来の階層性を崩すものだった）、戦後の民主化で、下層の連中が階層上昇したことへの苦々しい思いがよくわかる回想である。

では円谷英二は、この争議ではどうだったのか。公式に述べたものはないが、後に一九六〇年に民社党（創設時は民主社会党）ができ、一九六二年に同紙にインタビューされたとき、次のように答えている。

――東宝争議のときはどうでした。

円谷　ああ、あのとき。私は散々つるし上げられて、ハラをたてて辞めましたよ。今ではうちの労組も全労演で全労系です。……（中略）全労はいいじゃないか。真理は中庸だ、と。

（民社新聞「世界にひびくゴジラ男」）

「辞めた」というのが、労組なのか会社なのかよくわからないが、時期的にいえば、彼が東宝を退職したのは一九四八年なので、東宝の労組・日映演を辞めたことだと推測でき、日本共産党が主導した組合運動には批判的だったことは間違いない。また、人間円谷英二で重要なことは、彼がクリスチャンだったことである。正式に喜多見教会で洗礼を受けたのは一九六〇年四月だが、「日本飛行学校の時代から聖書を読んでいた」と言っているので、宗教的意識が彼の作品に影響していたのはたしかである。

15　『ゴジラ』の大成功

一九五三年の『太平洋の鷲』で成功をおさめた田中友幸、本多猪四郎、円谷英二のトリオは、一年後に『ゴジラ』を作り、一九五四年十一月三日に公開し、大成功することになる。その経緯については、多くの本で書かれているので詳しく書かない。要約すれば、この頃に田中友幸は、インドネシアとの合作映画を準備していたが、それがある事情で潰れ、その代わりに企画されたのが「G企画」なるゴジラというものだ。それに間違いはないが、この時円谷には、戦前に関西で作られていた、全勝キネマ、極東キネマなどの和製SF映画の記憶が影響していたのではないかと私は思う。

「戦前の日本にSF映画はなかった」というのが、日本映画史の常識である。だが、それは東宝、松竹、日活などの大手映画会社のことで、関西にはサイレント時代から多数の弱小の会社があった。それは最終的には映画法で統制されて消えてしまうが、そうした弱小企業は、多くのSF映画を作っていて、一九三八年まで京都にいた円谷英二は、それらを見ていた可能性があると私は推測する。高槻真樹の労作『戦前日本・SF映画創世記──ゴジラは何でできているか』（河出書房新社）に詳述されているが、極東キネマは一九三五年から一九四一年まで大阪に存在した時代劇専門の会社だった。私も大阪の「11PM」で、極東キネマの一九三八年の『鋼鉄人間』を見たことがあるが、ブリキのロボットが武士と戦うという、ある意味シュールな時代劇だった。ここではこの年に他にも、『無敵三剣士』『鉄の爪』というSF時代劇が作られているそうだ。

そして、奈良にあった市川右太衛門プロダクションの関係者が、右太衛門の松竹入社後、一九三六年に作ったのが全勝キネマで、右太プロのあやめ池撮影所にあり、一九四〇年まで存在した。同社は映画法によって松竹系の興亜映画に吸収されて、撮影所を太秦に移し、一九四一年秋には溝口健二の大作で、討ち入りのない忠臣蔵という凄い『元禄忠臣蔵』を作る。だが、公開は十二月一日、太平洋戦争直前の不安な状況下。新藤兼人によれば映画はまったくの不入りで、館内では深井史郎作曲の荘重な音楽が不気味に響いていたという。

この全勝キネマには、一九三八年にそのものずばり『江戸に現れたキングコング』（監督・熊谷草弥）がある。作品の詳細は不明だが、江戸に現れた巨大な類人猿が娘の誘拐事件を起こすというものらしい。円谷英二は、一九三七年の末に東京に来ているので、これを京都で見たかは不明だが、研究熱心な彼のこと、おそらくどこかで見たか、あるいはシナリオを読んだ可能性はあると思う。

一九五四年の『ゴジラ』には、言うまでもなく、日本が体験した戦争、原爆、植民地、南方、土俗などの様々な記憶が重ねられている。ゴジラ殲滅のために秘密兵器オキシジェン・デストロイヤーを発明する芹沢博士役の平田昭彦は、一九四四年に陸軍士官学校に入学するが、敗戦で廃校になった後、一高・東大を卒業した秀才。潜水夫役の宝田明は、満州ハルピンで育って敗戦後日本に来た引き揚者。彼の恋人・山根恵美子役の河内桃子は、戦前に日本の原爆研究の中心だった理化学研究所の創立者・大河内正敏の孫である。円谷には、台湾、フィリピン、インドネシア、フィジー、サイパンなどを撮影した一九三六年の記録映画『赤道越えて』があり、明らかに南方への志向があった。そして音楽の伊福部昭は、もとは鳥取の神官の家柄で、明治維新後、北海道に移住し、アイヌの舞踏音楽に親しんだ。テーマの「ドシラ、ドシラ」の力強い連音には土俗的な響きがある。

『ゴジラ』を見て、第一にまず気が付くのは、ドキュメンタリー映画のような、筋の運びの簡潔性と、全体としてきびきびしたドラマの展開である。異常な事態が起きている中での、宝田明と河内桃子の恋は、まさしく戦時下の恋人たちと同じ悲劇性が感じられる。古生物学者・山根博士（志村喬）の苦悩、「なぜ水爆実験に遭いながら、ゴジラが生き延びているかを考えずに殺そうとばかりしているのか」という日本人への疑問と愚かな連中の姿、ゴジラ殲滅のために次々と繰り出される新兵器、トラック、クレーン車などの大型機械。一方で町中、大八車を引いて逃げまどう庶民の姿は、米軍の圧倒的な空襲に、無防備で逃げた戦時中の日本国民である。そして、七年間の米軍の占領の直後、日本が独立した時に現れた怪獣の時代的な意味は何だろうか。本多猪四郎、円谷英二、そして脚本の村田武雄は、どんな意味をこめたのか。

それは、「原爆で廃墟になり、戦争に敗北したのに、また戦争をするのか！」と言っているように私には思える。

ゴジラによる東京の町の徹底的な破壊の翌日、病院に寝る女や子供の上に流れる、伊福部昭による荘重な女性コーラスは、まさに鎮魂歌であり、太平洋戦争で死んだ者への魂鎮めの歌である。最後、芹沢博士（平田昭彦）が発明した、水中の酸素を破壊する秘密兵器によるゴジラの死。さらに、自らの死によってゴジラを殺した芹沢に向けての、船上の面々による黙とう。まさにそれは九年前に南の海で死んだ無数の無名兵士たちへの、鎮魂そのものに他ならない。だからこそ、この映画は優れたリアリティを得て、大ヒットしたのである。ここでゴジラは、日本人に戦争の無意味さを知らせに来たのであり、それを日本人が理解したとき、再び海に戻ったのである

16　一九五四年という時代

映画『ゴジラ』が公開されたのは、一九五四年だが、この年は非常に興味深い年である。それはテレビ放送の本格的な開始と日活の製作再開の年である。日活は、一九一二年九月創業と日本で一番古い映画会社だったが、戦時中の映画法の施行により、新設の大映に統合されてしまった。しかし、日活社長の堀久作は、会社の統合を情報局官僚とともに強行する新興キネマ京都撮影所長の永田雅一に反撃し、「映画会社の統合は、製作部門の統合で、配給・興行は別」との理屈をつけて配給・興行部門を切り離し、日活を防衛した。

幸いにも大都市の日活の映画館の多くは戦災を免れて興行が可能で、日活は主に米国製西部劇を上映して利益を上げていた。だが、利益に聡い堀久作は、自社製作を模索し、ついに和泉多摩川に新スタジオを作り、一九五四年六月二七日に時代劇『国定忠治』と現代劇のメロドラマ『かくて夢あり』を公開した。時代劇の監督は滝澤英輔、メロドラマは千葉泰樹で、ともに戦前は日活にいた監督である。この二本立ては、戦前の日活のようにチャンバラ時代劇と現代劇の文芸作品を主とする構想で、内田吐夢、田坂具隆、市川崑、川島雄三らのベテラン監督を招いて映画を作っていくがヒットせず、最初に日活がヒットを飛ばしたのは、翌一九五五年、力道山主演の『力道山物語 怒涛の男』だった。力道山とは、日本でテレビ放送が開始されてから最初の大スターであり、いかにも時代を象徴している。

テレビは、一九五三年二月にNHKが、八月に日本テレビがそれぞれ放送を開始。日本はテレビ時代に入っていき、特に一九五四年二月には日本テレビで『力道山・木村政彦対シャープ兄弟プロレス実況』が放送されてプロレスは大人気になる。私もこの少し後に、大田区の銭湯の二階の大広間にあったテレビで「力道山・豊登対シャープ兄弟戦」を見たものである。

このテレビという新しいメディアの影響をほとんどの映画関係者は理解していなかった。だが、後に一九五八年の皇太子（現天皇陛下）のご成婚パレード、さらに一九六四年の東京オリンピックの中継放送で、「日本中が見る」というテレビの威力を映画関係者も本格的に感じるようになっていった。

さて、日活に戻れば、一九五六年春に芥川賞を受賞して話題となっていた石原慎太郎原作の『太陽の季節』を公開して大ヒット。以後、石原慎太郎の実弟である石原裕次郎主演の「性的な」青春映画を続々と若い監督で作っていくことになる。その最初が松竹大船の助監督から日活に移籍した中平康監督の一九五六年七月の『狂った果実』だった。すでに六月には、大映が石原慎太郎の小説『処刑の部屋』を市川崑監督で映画化しており、全国の婦人団体から強い反対と抗議運動があり、太陽族映画は社会問題化していた。『狂った果実』と『処刑の部屋』は、いわゆる太陽族といわれる連中を皮肉に見て、むしろ冷笑的に描いたものだったが、従来の性的意識から見れば、それでも大変に不道徳な描写とみなされたのである。だが問題は、なぜ、この時期に太陽族映画と言われる作品が観客に受け入れられ、大ヒットしたかである。

一九三九年十二月に松竹大船撮影所に入り、戦後は日活の製作再開の際に移籍した西河克己は、製作部長の山根啓司から、監督部の編成を相談される。西河は山根の意向もあり、松竹大船から若手の優秀な助監督を引き抜いてくる。まず西河は、一九四八年以前に松竹大船に入社していた助監督たちは除外し、それ以降の助監督グループに接触、日活への入社を呼びかけた。その結果、中平康をはじめとして、斎藤武市、鈴木清太郎（清順）、今村昌平ら八人の助監督が日活に移籍した。さらに松竹京都からは、神代辰巳や蔵原惟繕、新東宝からは井上梅次や舛田利雄、大映からも牛原陽一や古川卓己らも来て監督部の陣容ができた。西河克己は、次のように言っている。

それまでの日本的リアリティというふうなものに、映画自体が拘束されていたけれど、ちょうど映画の観客が戦後派になっているんです。……（中略）その人たちというのは、社会でたいへん裏切られた人ですからねえ、特攻隊を志願して、もう国のために死ぬつもりで本気になってみんなやったら、とんでもないことに、おまえたちは馬鹿だといわれるようなことになった。……（中略）理由なき反抗っていうのが、裕次郎の持ち味ですね。ということは、旧秩序に対する反抗心、何でも古いもの、戦前のものを壊したいという衝動みたいなものがあって、それが一番受けたんだという気がしますね。気がつかないのは、映画作っている年寄りばかりであって、観客はもう、新しい時代に替っていたということですね。

（西河克己『西河克己　映画修行』）

西河が言うように、戦後世代に時代が変わって、映画の受け入れられ方も変わっていったのか。日本映画の興行成績（配給収入）を見てみよう。

一九五三年

1	『君の名は・第2部』	松竹	三億円
2	『君の名は・第1部』	松竹	二・五億円
3	『太平洋の翼』	東宝	一・六億円
4	『地獄門』	大映	一・五億円
5	『金色夜叉』	大映	一・四億円
6	『花の生涯』	松竹	一・三億円
7	『戦艦大和』	新東宝	一・三億円
8	『東京物語』	松竹	一・三億円
9	『叛乱』	新東宝	一・二億円
10	『家族会議』	松竹	一・二億円

ここで注目されるのは、『君の名は』であり、二部合計で五億円を越しているのだから、やはり日本人には戦争の記憶はまだ強く残っていたのである。同時に東宝が最初に作った

戦争映画で円谷も特撮に参加した『太平洋の鷲』、さらに円谷の弟子の一人上村貞夫が特撮を担当した新東宝の『戦艦大和』もヒットしており、徐々に戦争映画をアクション作品として見る気運も起きていた。『東京物語』が興行ベスト・テンに入っているのも驚きだが、これもよく考えると一種の戦争映画（原節子が演じた紀子に代表されるような戦争の記憶）であるともいえ、戦争はまだまだ大きな記憶として残っていたのだ。

一九五四年

1	『君の名は・第3部』	松竹	三・三億円
2	『忠臣蔵』	松竹	二・九億円
3	『七人の侍』	東宝	二・三億円
4	『紅孔雀』	東映	二・四億円
5	『二十四の瞳』	松竹	二・三億円
6	『月よりの使者』	大映	一・三億円
7	『ゴジラ』	東宝	一・五億円
8	『宮本武蔵』	東宝	一・五億円

9　『ハワイ珍道中』　新東宝　一・五億円
10　『哀愁日記』　松竹　一・四億円

ここで『ゴジラ』が現れているが、この年は、戦後の映画監督の旗手・黒澤明と木下恵介が代表作をヒットさせ、『宮本武蔵』では三船敏郎が、『紅孔雀』では中村錦之助と東千代之助が人気を得るなど、戦後世代の台頭が明らかに見えた時期だったといえる。

一九五五年
1　『赤穂浪士』　東映　三・一億円
2　『修善寺物語』　松竹　一・八億円
3　『ジャンケン娘』　東宝　一・七億円
4　『新・平家物語』　大映　一・七億円
5　『亡命記』　松竹　一・七億円
6　『宮本武蔵・一乗寺の決闘』　東宝　一・六億円
7　『楊貴妃』　大映　一・五億円

8　『宮本武蔵・決闘巌流島』　東宝　一・五億円
9　『力道山・怒涛の男』　日活　一・五億円
10　『夫婦善哉』　東宝　一・四億円

このように興行ベストテンに一九五五年になってやっと顔を出した日活は、翌年から石原裕次郎映画で大躍進を遂げる。それは次のとおりである。

一九五六年
1　『任侠清水港』　東映　三・四億円
2　『蜘蛛巣城』　東宝　一・九億円
3　『恐怖の空中殺人』　東映　一・九億円
4　『曽我兄弟・富士の夜襲』　東映　一・九億円
5　『謎の幽霊船』　東映　一・八億円
6　『銭形平次・まだら蛇』　大映　一・八億円
7　『太陽の季節』　日活　一・八億円

8 『月形半平太』 大映 一・八億円
9 『米』 東映 一・七億円
10 『弥次喜多黄金道中』 松竹 一・七億円

この年に経済企画庁は『経済白書』で「もはや戦後ではない」の名台詞を記述している。まさにこの頃から、本当の意味で西河克己が言うように戦後世代が映画界でも本格的に活躍し始めたのである。

一九五七年
1 『明治天皇と日露大戦争』 新東宝 五・四億円
2 『喜びも悲しみも幾年月』 松竹 三・九億円
3 『水戸黄門』 東映 三・五億円
4 『嵐を呼ぶ男』 日活 三・四億円
5 『任侠東海道』 東映 三・四億円
6 『大忠臣蔵』 松竹 二・六億円

7　『錆びたナイフ』　日活　二・四億円
8　『夜の牙』　日活　二・三億円
9　『挽歌』　松竹　二・三億円
10　『大当たり三色娘』　東宝　二・二億円

この年の一位は、新東宝の『明治天皇と日露大戦争』で、当時最高額の五億四千万円。これに次ぐのは七年後の一九六四年の日活映画、吉永小百合と浜田光夫の『愛と死を見つめて』の四億七千万円であり、当時驚異的な記録だった。だが、同年に行われた『東京オリンピック』には、十二億円と軽く越えられてしまうが。とはいえ、一九五八年には『明治天皇と日露大戦争』の他に、美空ひばりの『ひばりの三役・競演雪之丞変化』のヒットもあり、この年が新東宝のピークだったとは今だからいえることだ。この中で『嵐を呼ぶ男』『錆びたナイフ』『夜の牙』が石原裕次郎の主演作品で、その後も裕次郎の躍進は続いてゆく。

一九五八年
2『陽の当たる坂道』　四億円
3『紅の翼』　三・六億円
6『明日は明日の風が吹く』　三・二億円
7『風速40M』　三・一億円

石原裕次郎一人で年間十三億八千万円も稼いだのだから、おそらく日本映画史上の最高記録だろう。作品的にも、田坂具隆監督の『陽の当たる坂道』は非常によい出来の作品で高く評価され、キネマ旬報のベスト・テンでは、十位の増村保造監督の『巨人と玩具』に次いで十一位になった。こうした日本映画の戦後世代の台頭の現象の一つとして、『ゴジラ』が現れヒットするとともに、その後の東宝特撮映画につながる名作になったことは、もっと注意されてよいことだと思う。大衆文化の一つである名作映画は、必ず時代の中で生まれるのである。

さて、一方で石原慎太郎・裕次郎兄弟が、戦後社会を謳歌し始めた頃、ほぼ彼らと同世代だが、下層にいた作家の西村滋はまったく別の感慨を抱いていた。彼は自身も孤児として戦中、戦後を過ごし、戦後は戦災孤児の収容施設の職員となり、後には著書『お菓子放浪記』がテレビドラマ化、さらに映画化もされた。それ以前に自身の施設での体験記が東宝で『不良少年』（一九五六年、監督谷口千吉）、さらに『ヤクザ先生』（一九六〇年、監督舛田利雄）として石原裕次郎主演映画の原作にもなった。彼は、一九五五年頃、施設にいた少年から次のように言われたことがあったそうだ。

戦後の青春の主役はオレたちだと思っていたんだけれど、……（中略）まぁ、頭は良くないかもしれないが、少なくとも平和の意味だけは体で知っているわけだから……でも、そうじゃなくなってきたみたいだな、いまは太陽族が新しい青春なんだそうですよ。海、ヨット、セックス、スポーツカー……（西村滋『雨にも負けて風にも負けて』）

だが一方で、非常に興味深いことに、戦前から映画批評を手掛けて雑誌「キネマ旬報」の創刊者の一人であり、同時に声帯模写の創始者、喜劇人、歌手、そして戦時中は東宝のドル箱劇団・ロッパ劇団を主宰していたこともある古川ロッパは、石原裕次郎について、大絶賛しているのである。

１９５６年８月29日……「オール小説」に、川口浩と石原裕次郎、太陽族スターの対談あり、この二人の立派さにおどろく。二人とも本当の太陽族で、いやはや、立派なり。

（古川ロッパ『古川ロッパ昭和日記 戦後編』）

さらに一九五八年三月にロッパは、石原裕次郎主演の映画を見て感心している。

それから富士館で、中村と二人、石原裕次郎の『明日は明日の風が吹く』といふのを見て、面白くて満足。三橋もデン助も、石原裕次郎の前にはスッとんだ。これを出ると、新東宝の千代田館があって、『水戸黄門』をやってゐる、これは惨たる入りなり。

（古川ロッパ／前掲書）

これは、ロッパが劇団の伊藤寿二の案内で浅草の興行状況を見廻ったときで、同行の中村竜三郎は新東宝時の代劇スターでロッパとは『水戸黄門』で共演していた。三橋は民謡歌手・三橋美智也、デン助は、浅草で人気のあったデン助劇団の大宮敏光だが、誰も石原裕次郎にまったく敵わないとし、自分が出ている『水戸黄門』（監督中川信夫）も冷笑しているのが、おかしい。無責任というか、戦後の急速な人気の凋落でどうでもよくなっていたのか。ちなみに石原裕次郎の口癖で有名になった「イカす」は、実は戦前に古川ロッパが流行らした台詞であり、そうした都会の若者の共通性も、古川ロッパは石原裕次郎に見いだしていたのかもしれない。

さて、この時期、日本映画界の最高峰にあり、監督協会の会長でもあった小津安二郎は、どのように時代を見ていたのだろうか。小津と脚本家・野田高悟との、蓼科の別荘における共同日記『蓼科日記』では、次のように書かれている。

8月6日晴……（中略）小津君、静子玲子と四人で上諏訪に行く。何か面白い映画でもあれば見て、おび川でウナギを食おうといふ計画なりしも、映画は「賄賂」「この世の花」「獄門帳」などにて（「狂った果実」は一五日より）興味なく、城跡前の道具屋、中島、松月堂などを廻る。

（蓼科日記刊行会『蓼科日記 抄』）

この後、小津たちは八月二十九日まで蓼科に滞在したが、八月九日以降の記録がないので、『狂った果実』を見たかどうかは不明。いうまでもなく、中平康は大船の助監督時代から俊英で知られていたので、彼が日活で作った『狂った果実』には小津も関心があったのだろう。今見ると、『狂った果実』の裕次郎の自然な演技には、松竹大船の演出法が強く感じられるのだが。その後、九月上旬に小津と野田は再び蓼科に行き、次回作（『東京暮色』）の構想を練り、九月七日には、その構想について書いている。

9月7日晴　夜、食後小津君、北川君に電話するため二人で萬葉堂に出かける。九時といふに萬葉堂は既に戸をしめ、一久、蓼科アイスまた灯を消して声なし。懐中電灯の光をたよりに石ころ道を歩みつつ『東京暮色』といふ題名はどうかといふ話になり、忽ち決定、つづいて話の梗概も浮かび、帰荘就床、一気に概略の綾と場面、人物の輪郭などほぼ決まる。やっぱり、今日までに孕んで来たものが忽ち一つに纏まったのだといふべく、ただぼんやり遊んでゐたのではなし。

萬葉堂は、小津が贔屓の美術商で室内の小物を手配していた。小津と野田の二人が、山中の夜道を歩みつつ、映画『東京暮色』を構想したというのは、作品の暗さを暗示しているようにも思える。中平康などが盛んに作っている日活の「太陽族映画」に対する、小津らの回答が『東京暮色』なのではないか。私は前著『小津安二郎の悔恨』でも述べたが「太陽族のような風俗は、戦後急に出て来たものではなく、戦前からあったんだよ、今更新しがるな」というのが、映画『東京暮色』の主題だと思うのである。

さらに、『全日記小津安二郎』(フィルムアート社)の十二月には次の記述がある。

12月20日(月)　溝口悪しとの電報　大映永田社長よりくる
　出京　清水をさがす　北川　村上と　おかめにゆく
22日(水)　溝口見舞　のち大映にゆく　夕方伊藤　清水と大市にゆく
24日(金)　一時五十五分　溝口逝去の報　清水より電話あり
(小津安二郎著・田中真澄編『全日記 小津安二郎』)

清水は、監督の清水宏、伊藤は伊藤大輔だろう。村上とは、当時小津の愛人だった村上茂子のことだと思われ、いずれにしても、戦後も十年以上が過ぎ、戦前派の監督も次第に減りつつあった。たしかに、『経済白書』は一九五六年七月には「もはや戦後ではない」と宣言しており、新しい世代が戦前の封建的な道徳とは異なる生き方を作り出していた。それは戦勝国アメリカの文化、思想や性的道徳に影響を受けたものだったが、小津にいわせれば、そうしたアメリカニズムは、実は戦後急に輸入されたものではなく、戦前にすでに存在し、自分たちが謳歌したものだったはずだ。

少し後のことになるが、一九五〇年代末に松竹大船撮影所の不振の中で、打開策として大島渚、篠田正浩、吉田喜重といった若手監督が起用され、松竹ヌーベル・バーグといわれた。その頃、小津は「俺だってな、昔はヌーベル・バーグだったんだぞ」と病床でいったという。そのとおりで、サイレント時代、新派悲劇とメロドラマが主流の松竹蒲田撮影所にあって、小津安二郎は、主に坂本武、飯田蝶子、笠智衆といった脇役たちを使い、小市民を主人公とした日常的な題材で、リアルで現実への批判に満ちた作品を作っていた。それは巨匠とスターが作る、大げさな演技、ご都合主義の物語とは正反対のもので、小津がそれを誇りとしていたことも事実である。

さらに、付記しておけば、こうした一九五〇年中頃、日本で起きた「太陽族」や松竹ヌーベル・バーグは、日本だけのことではない。現在からみれば、この動きは、ゴダールやトリュフォーなどフランスのヌーベル・バーグ、トニー・リチャードソンやカレル・ライスらのイギリスのニュー・シネマ、さらに社会主義国ポーランドのワイダ、ムンクらの、世界的な新しい映画と同様の傾向だったと見ることもできる。それは、石原慎太郎がよく自慢げにいう「俺の『狂った果実』を見て、フランスの連中はヌーベル・バーグを始めた」という言葉の本当の意味を考えることでもある。それは石原の先見性を示すものではなく、「同時代性のなせる業」というべきもので、日本やフランスをはじめ世界中に、共通する同時代的なテーマと表現方法が現れていたことに他ならない。その共通性とは、第一には西河克己が言ったような、この世代が受けた戦争の負の体験である。第二には、圧倒的なアメリカ文化、特に音楽（ジャズとポピュラー音楽）やアクション映画やハードボイルド小説など、アメリカの大衆文化である。ジェームス・ディーンの出現と早世の後には、世界中に「どこそこのジェームス・ディーン」が生まれ、日本の「ジェームス・ディーン赤木圭一郎」の事故死のような、それぞれの夭折には世界中の若者が涙したのである。

17　『空の大怪獣ラドン』『地球防衛軍』『モスラ』『世界大戦争』

『ゴジラ』の成功の後、円谷英二は、「特撮の神様」として、東宝も特撮SF、怪獣映画を次々と作る。全部が傑作ではないが、今見ても、どれも円谷英二の手を抜かない仕事が残されていて、見て損することはないといえる。中でも、私が個人的に好きで、様々な面で面白い四作品を考えてみたい。

『空の大怪獣ラドン』

前述したように、『ラドン』は一九五六年に私が最初に見た円谷映画である。阿蘇山の近くの町で、河村（佐原健二）は炭鉱に技師として勤務していた。ある日、坑道内で出水事故や炭鉱夫の惨殺事件が起きる。当初はある工員が犯人と目されていたが、鋭く斬られた傷痕で警察にも犯人がわからない。やがて巨大な古代トンボの幼虫・メガヌロンが真犯人

『空の大怪獣ラドン』

だとわかる。村に出て来たメガヌロンを追って、技師・河村は坑道に入り行方不明になる。阿蘇周辺では地震が発生し、地震によってできた陥没火口で記憶喪失となっている河村が発見される。そして、謎の巨大な飛行物が日本だけでなく東アジアで発見され、それが古代怪獣のラドンであることがわかる。入院していた河村が記憶を取り戻すシーンは名場面である。恋人・キヨ（白川由美）が飼っていた文鳥の卵が割れ、雛がかえったとき、河村に地下の坑道でラドンが生まれた記憶が戻る。この記憶回復の場面は、石原裕次郎と浅丘ルリ子が恋人役を演じる蔵原惟繕監督の名作一九六二年の『銀座の恋の物語』で、一つだけ音の出ないキーがある卓上ピアノをきっかけに二人の恋の記憶を思い出すのと比較できる名シーンだと思う。

そして大怪獣ラドンが大暴れし、福岡市街をはじめ、公開の一年前（一九五五年）に竣工した佐世保の美しいアーチ橋の西海橋を強風で曲げて壊すラドンの翼が起こす風の強さ。円谷の福岡市街のミニチュア・ワークは大変素晴らしい。ラドンは、自衛隊の砲火によって引き起こされた阿蘇火山噴火の業火で死んでゆく。

『地球防衛軍』

私が円谷映画を一人で初めて見に行ったのは、一九五七年十二月の『地球防衛軍』であり、東宝特撮映画では最初のカラー作品だった。

この頃は米ソ冷戦時代で、同時に宇宙への技術競争の時代だった。人工衛星打ち上げ競争がし烈に行われ、日本映画を見に行くと必ず上映された海外ニュース映画でも、衛星用ロケット打ち上げの模様が報道され、アメリカは何度も打ち上げに失敗していた。ロケットが打ち上げられて少し上がると上昇が止まり、そこから逆に戻って倒れて爆発する場面が映し出された。そんな中で、一九五七年十月四日ソ連は人工衛星スプートニク1号の打ち上げに成功する。この成功は、アメリカのロケットは液体燃料で制御が難しかったのに対し、ソ連は個体燃料で出力は劣るが制御は容易で、複数の固体燃料を組み合わせることによって出力不足を補うことができたためである。また米ソとも、ドイツの技術者をそれぞれ自国に連れて行って宇宙技術者としたが、アメリカがフォン・ブラウンに象徴される博士級だったのに対し、ソ連は現場の技術者が中心で、技術の応用力ではソ連の方が有利だったこともあった。この成功がアメリカ合衆国にスプートニク・ショックを引き起こし、日本でも宇宙への関心が高まったが、そのような中での宇宙人とのドラマというタイムリーな企画だった。

舞台は富士山麓、といっても山梨側の西湖付近。富士五湖で最も知られていない西湖は、とても静かで神秘的な湖で、いかにも何かが出てきそうだ。ここを宇宙人とのドラマの場所に選んだのは最適である。村祭りの夜、地中から炎が噴出し山火事騒ぎが起き、騒ぎの中、天体物理学者・白石（平田昭彦）が失踪する。白石の同僚で友人の渥美（佐原健二）は白石の論文を安達博士（志村喬）に届けるが、その「ミステロイドの研究」は未完だった。村に山崩れが起き、そして巨大なロボットのモゲラが出現する。このモゲラは村落を次々と破壊するが、地球防衛隊は、鉄橋ごと爆破してやっと止めることができる。やがて巨大なドームが現れ、彼らは自らをミステリアンと名乗る。調査団代表をドーム内に入れ、半径三キロの土地と地球人女性との結婚の自由を要求する。五千年前、自分たちの星ミステロイドを核戦争で失ったミステリアンは、宇宙を放浪して地球にやってきた。ここにも原爆の影がストーリーの中心になっている。

この後は、地球防衛隊とミステリアンとのあの手この手の戦闘になる。このミステリアンの声が非常に不気味で、「地球のみなさん！……」という感情を押し殺した低く平板な物言いに私は取りつかれ、家に戻って、家族にその調子で呼びかけて不思議がられたものだ。今なら電子的にいくらでも声を変調して作れるだろうが、当時は大変に珍しい音声で驚いたものである。また、この「地球の女性を生殖活動のために出せ」というのも非常に不可解に感じた。なぜ、女性で、しかも日本人なのかと。

公開された一九五七年は、もちろん米ソ冷戦時代だが、一九六〇年代のキューバ危機のような危機感はなかったので、ミステリアンと全地球軍による戦いもどこか牧歌的である。後の『世界大戦争』（一九六一年公開、監督・松林宗恵）で、同盟軍側と連邦軍側の核戦争で東京が消滅してしまうような悲劇性はなく、佐原健二、平田昭彦、白川由美、河内桃子らの青春映画の趣すら感じられる。脚本家は馬淵薫で、彼は戦後、日本共産党のある地方の幹部だった人物で、世界情勢について悲観的な見方を持っていたのかもしれないが、この映画の悲劇性の根源はよくわからない。最後、ミステリアンの円盤を次々と防衛軍が撃ち落としたとき、安達博士は言う「彼らは永遠に宇宙の放浪者です。我々は決して彼らの轍を踏んではならない……」と。

この映画の特筆すべき点は、ミステリアンという宇宙人を視覚化したことであり、さらに彼らが持つドームのプラスチックの質感も未来的な感じを十分に与えてくれた。総じて未来社会的な部分と日本の農村の牧歌性がよく混合した世界になっていて、きちんとしたリアリティがあったことは大変に評価できる。

『モスラ』

一九六一年の『モスラ』は、ザ・ピーナッツの歌う「モスラーや、モスラー」によってのみ記憶されているが、なかなか面白い作品だった。そして、脚本は都はるみの『あんこ椿は恋の花』などを書いた作詞家の関沢新一だが、原作が中村真一郎、福永武彦、堀田善衛になっていることに後になって驚いた。この三人と加藤周一らは、戦後詩のグループの一つ「マチネ・ポエティク」に属する純文学者だったからだ。高校生になった私は、現代詩の「荒地」などを知り、それと並び称された「マチネ・ポエティク」の同人たちが、なぜ東宝の円谷映画の原作に名を連ねているのかとても疑問だった。

『モスラ』

その疑問を解くキー・マンが東宝の傍系東京映画のプロデューサー椎野英之だった。彼は文学座に関係し、その縁で東京映画の製作者になった。この原作については中村真一郎の『わが点鬼簿』（新潮社）に書いてあった。東宝のプロデューサー田中友幸から、怪獣映画のアイデアの依頼があり、三人で考えて『モスラ』の原作ができた。当初のラスト・シーンは、国会議事堂に繭を張ったモスラを攻撃するために自衛隊が出動し、自動的に安保条約が発動されて国会の周りをデモ隊が囲み、さらにニューヨークの国連安全保障理事会では、米・ソが米軍の出動をめぐって激論して……というものだったそうだ。明らかに前年（一九六〇年）の日米安保反対の運動の高揚を反映した筋書で、原作を読んだ田中が「どうぞ独立プロでお撮りください」と言ったそうだ。そこで現在の結末になった。中村たちが企画した結末になれば、実に空前絶後の作品になったと思うが、邦画五社では無理で、独立プロでも政治的反響の大きさを考えて到底できない筋書だったであろう。その意味では二〇一六年夏に公開された『シン・ゴジラ』は、この中村真一郎たちが考えた筋書に近いともいえる。

日本の貨物船が座礁沈没し、ロリシカ国の水爆実験場のインファント島に漂着。後に救助されたが、乗組員に放射能障害は見られなかった。新聞記者の福田（フランキー・堺）は、原水爆実験場だったインファント島に行き、島民がいることを知る。ロリシカ国の妨害を乗り越えて、福田らはインファント島に上陸する。その放射能に汚染されたはずの島の中には緑の森があった。巨大な吸血植物に絡め捕られるが、窮地を小美人の双子の妖精に助けられ、彼らは日本に戻ってくる。

だが、ロリシカ国のエージェントのクラーク・ネルソン（ジェリー・伊藤）は、インファント島に行き、小美人を誘拐して、東京で「妖精ショー」を開催して話題になる。小美人役のザ・ピーナッツ（伊藤エミ、ユミ）は「モスラー」と歌うが、それはインファント島の守護神モスラの再生を促す祈りだった。すると、その歌声に合わせて、インファント島でも島民の儀式が行われて最高潮に達する。この辺は現在では先住民への差別と偏見を助長する物で作れない場面だが、ユーモラスにも見える。すると、巨大な卵を破り、モスラが復活する。島から超巨大な蛹怪獣のモスラが東京に向かう途中、防衛隊の洋上爆撃のナパーム弾を浴びて炎上、モスラは姿を消して死んだと思われるが、奥多摩のダムが壊され、そこからモスラが姿を現す。ここはダム決壊の特撮のミニチュア・ワークの見せ場になる。

その後、東京に進撃してくるモスラに、特車隊と戦闘機が応戦するが制止できない。モスラは渋谷を破壊し、東京タワーを折り、そこで糸を吐き巨大な繭を作り始める。ロリシカ国の軍事援助で原子熱線砲が供与され、モスラの繭に熱線攻撃がしかけられ、繭は焼き尽くされる。その時、成虫のモスラが姿を現して上空に飛び出す。そして、モスラは巨大な羽で風を巻き起こすと、ロリシカ国の方角へ飛び去る。ロリシカ国のニューカーク・シティ（アメリカのニューヨークのことだろう）に飛んできたモスラは、市に大混乱と甚大な被害を与えるが、小美人の歌声で、モスラはシティの外に飛んでゆき、シティは守られる。

南洋の原始的な島から怪獣がくるというのは、明らかに『キングコング』からの発想である。だが、そこに原作者、脚本、監督は、小美人を配し、ロリシカ国というアメリカを想像させる国も出して、原作の持っていたアメリカへの「反発」も含ませているのは、前年の日米安保への広範な国民の反対意識を考慮したものだと思われる。この『モスラ』は、特撮、娯楽性、主題歌など、多くの表現が重層していて、東宝の円谷特撮映画の傑作であり、ある意味頂点の一つだったともいえる。その証拠に、ゴジラに続き、モスラはその後何度も主演する、人気怪獣となるのだから。

『世界大戦争』

一九六一年秋の芸術祭参加作品であり、それだけの真摯さと格調のある映画。主役の田村（フランキー・堺）は、プレスセンターで運転手として働き、そこには外国人記者もいた。家には妻のお由（乙羽信子）と二人の子がいて、裕福ではないが幸福な日々を送っていた。

長女の冴子（星由里子）は下宿人の船員・高野（宝田明）と恋仲になっていた。父は知らなかったが、母は二人の話を聞いて大賛成で、娘には「（お父さんには）上手く話してやるよ」と言い、事実二人が結婚の決意を告げると、堺は内心は嫌々ながら二人の仲を認める。映画は中盤まで、東京の城北地区の庶民の普通の生活を淡々と描写してゆく。生家が浄土真宗の寺で、仏教的無常観がある監督・松林宗恵らしく庶民生活を描いている分、後半の世界を分断する二つの陣営の対立と、ほんの少しの錯誤から核戦争に突入してしまう不条理がよく組み立てられている。世界は連邦国側（米国）と同盟国側（ソ連）の二大陣営に分かれ、互いに核兵器で対峙している。北大西洋で行われた同盟国側の軍事演習に連邦国側の潜水艦が侵入したことから、両陣営の関係は緊迫する。朝鮮半島の三十八度線付近で、小型の核兵器が使われる事態が発生し、ついに連邦国・同盟国の両陣営で核ミサイルの発射装置のボタンを押す待機状態になる。

日本では病身の総理（山村聰）が公務を行い、両サイドの緊張を高めまいと必死の努力を続ける。やがて、南・北朝鮮で停戦協定が結ばれていったん緊張は解けるが、北極海上で不意に発生した軍用機同士の戦闘をきっかけに再び悪化し、日本でもミサイル攻撃への警戒が始まり、国民の不安は頂点へ達する。ここがやや急で説明が不足している気もするが、不可抗力とはそういうものでもあろう。

東京から避難しようとする民衆の大混乱の中、田村の一家は自宅に残り、最後の晩餐を開く。冴子は、再び長い航海に出た恋人の高野へ向け、覚えたての最後のモールス信号を打ち、洋上の高野もそれに応える。「サエコ、サエコ、コウフクダッタネ」「タカノサン、アリガトウ」。この台詞がモールス信号の片仮名で極めて簡潔に表現されるのがいい。

夕陽を前にして田村役の堺は叫ぶ。「別荘を建てるんだ！　婚礼をさせてやるんだ！……一郎は大学に行かせてやるんだ！　俺の行けなかった大学に……」。そして、東京は核の閃光に包まれ、溶解する。翌朝、船上の高野たちは船長（東野英治郎）らとともに、残留放射能による死が訪れることを覚悟の上で、東京へ帰ることを決意する。

この映画で一番印象に残るのは、幼稚園に子供を預けていたホテルのメイド役の中北千枝子が横浜から東京に戻る途中で彼女は道に倒れる。その奥を団扇太鼓の列が通っていくシーンである。「どんだたどんどん」の太鼓の音。言うまでもなく中北は、製作の田中友幸の妻であり、さすがにいい場面に出ているなと思う。

18　日本の原爆と昭和天皇

このように『ゴジラ』以降の円谷特撮映画を見てみると、そこには一貫して二つのテーマが流れていることに気づく。一つは言うまでもなく反戦であり、もう一つは反原爆である。いったい、これはどうしてなのだろうか。

近年の歴史修正主義者が言うように、戦後の日本の論壇やマスコミが左翼、容共派に占められていたためだろうか。私はそうではないと思う。それは戦後の日本人全体に反戦平和への思い、核兵器反対の願いがあったからだと思う。その象徴が実は昭和天皇であり、天皇は核兵器の開発、使用に対して強い反対の意思を持たれていた。それが佐藤栄作内閣下での「非核三原則」の宣言、さらには三木武夫内閣下での「部分的核停止条約」の国会批准となったのである。もちろん、もう皆忘れているが、そこには二〇一〇年の民主党政権下での外務省の極秘文書の公開によって、「非核三原則」にも実際は多くの例外的な運用があったことはすでわかって来たことである。しかし、歴代自民党政権が、この原則を大きく踏み外すことができなかったのは、やはり昭和天皇のご意思から来たものではないかと私は思う。

元参議院議員の平野貞夫が二〇〇四年に出した本に『昭和天皇の「極秘指令」』があり、あまり知られていないが、昭和天皇の本音が窺える大変に興味深い本である。昭和天皇のお好みは、一高・東大出の官僚で、前尾繁三郎、灘尾弘吉、福田赳夫らであり、佐藤栄作の後に福田赳夫との角福戦争に勝って首相となった総理大臣・田中角栄はお好みではなかったようだ。それは当然で、各帝国大学は天皇の官吏となる秀才を養成するために作られた大学だからだ。その意味では、田中角栄という人物が首相になったことは、戦後の日本が出自、学歴、閨閥等に関係なく能力さえあれば集団や社会を支配できる「民主的」な社会になったことの帰結である。前尾繁三郎は、「暗闇の丑松」ならぬ「暗闇の牛」といわれ、首相の池田勇人から宏池会を引き継いだが、政治力のなさから大平正芳との争いに負け、衆議院議長にまつり上げられてしまう。その前尾の側近くにいたのが平野である。

そして、この昭和天皇の「極秘指令」とは、部分的核停止条約の早期批准だった。昭和天皇は、前尾衆議院議長に批准が遅れていた条約の早期批准を命令し、田中角栄前首相のロッキード問題で揺れていた国会は、一九七六年五月条約を批准する。この時の衆議院外務委員会での条約の審議は一日だったそうで、ここにも核廃絶には国民的合意があったことがわかる。この衆議院での採決で反対したのは共産党だけで、自民、社会、公明、民社の各党が賛成だった。ここで窺えるのは、昭和天皇の非核政策への強い意思であり、各党もそれとなく知って批准に賛成したのだと思える。歴代の自民党内閣は、一九六〇年代以降は、核保有を目指してきたが、結局できなかった。それは、日本人の核アレルギーの大きさもあるが、最終的には昭和天皇のご意思だったと私は思う。

また、平野貞夫の『昭和天皇の「極秘指令」』には、昭和天皇が戦時中に原子爆弾の開発について奏上した東条英機首相に、反対の意思を示されたという他の本からの引用（出雲井晶編著『昭和天皇』日本教文社）もあるが、それについては私もわからない。ただ、昭和天皇は生物学者であり、合理的な思考を持っていたので、莫大な予算と電力、人員を要する原子爆弾開発は、むしろ通常兵器による戦争の遂行、特に武器の生産に多大な支障をきたすものだろうと反対したことは考えられる。

つまり、反原爆は、天皇からほとんどの国民に至るまでの総意であったわけで、その意識の上に『ゴジラ』もあったことは忘れてはならない。

19　特撮怪獣映画における音

ここで『ゴジラ』以下のシリーズにおける音（音楽と音響）の意義について考えてみたい。もし『ゴジラ』において、伊福部昭の「ドシラ、ドシラ」のゴジラのテーマが鳴らなかったら、映画『ゴジラ』の魅力はきっと半減したに違いない。トーキー以後の映画の魅力の半分は音なのだから、あの俗に「伊福部節」と言われる土俗的な響きの魅力はとても大きく、どんな人も一度聴いたら忘れられないメロディである。だが、『キングコング』、さらに『ゴジラ』の第一作目が持っていた一つの問題は、彼ら怪獣が住む島の住民の描き方だった。どちらも、未開の原住民として描かれていて、土俗的な音楽に乗って奇怪な踊りをするのである。これは、日本でも一九七〇年の本多猪四郎監督の『決戦！南海の大怪獣』以後表現されなくなったが、田中文雄はその理由を次のように説明している。

『決戦！南海の大怪獣』はおそらく、特大のステージの中に村の広場を作り、そこで先住民が円陣を作ってどんたた踊りをする——この種の作品の最後の映画ではなかったかと思う。これ以後、特撮怪獣映画は人件費の高騰に悩み、モブシーンをなくして自滅してゆく。その復活は59年（昭和）の新作『ゴジラ』を待たねばならなかった。

（田中文雄／前掲書）

私は、こうした「どんたた踊り」のシーンや群衆シーンがなくなったのは、人件費の問題ではなく、二つの理由があったと思う。一つは、先住民への差別や蔑視が感じられることである。さらにもう一つは、『ゴジラ』の大暴れに米軍の大空襲を想起したような戦争体験の風化、リアリティの喪失である。私など、団塊の世代以降の人間にとって、『ゴジラ』の破壊の恐怖から東京大空襲を想像できる者などほとんどいなくなっていたのだから、モブ・シーンは無意味になっていたのである。この戦争体験の風化については、私は一九六〇年代後半に、東京大田区のあるボーリング場が、宣伝のため、夜、上空にサーチ・ライトを廻したしたときのことを思い出す。それは戦後多数の企業の買収で成功し実業家になった成金の自己宣伝を象徴する下品なものだった。戦争の空襲を無数に体験していた私の母は「戦時中の空襲へのサーチ・ライトを思い出して不快！」と強い拒否反応を示したが、私はその意味が実感できなかった。

先住民蔑視の問題は別とすれば、私は、この「どんたた踊り」をぜひ再現してもらいたいと思っている人間のひとりである。

なぜなら、言うまでもなくゴジラのギャーという叫び声やドンドンという大きな足音に象徴されるように、特撮映画の魅力の一つには、大音響の恐怖、驚愕があり、これがないとどうにも間が抜けたように感じられるからである。音響の意味は大きいのである。

日本映画が、世界に放った大スター は、ゴジラともう一人、勝新太郎の座頭市だが、この「座頭市」の音楽も伊福部昭によるものなのである。映画「座頭市」は、日本のみならず、アジア各地でも大ヒットしており、ブルース・リーらの空手《クンフー》映画も、実は「座頭市」の模倣である。その証拠にブルース・リーの一九七二年の『ドラゴン・怒りの鉄拳』には、日本人悪役として大映京都の橋本力が出ているほか、「座頭市」には、ジミー・ウォングと共演した一九七一年の『新座頭市・破れ！唐人拳』まであるのだ。

この座頭市はアジア地域のみならず、ラテン・アメリカやアメリカの黒人映画館などでも大人気だった。黒木和雄がキューバで作った津川雅彦主演の一九六九年の『キューバの恋人』には、メーデーのパレードで座頭市の真似をして盲目で杖をつく男が出てくる。この座頭市にも伊福部昭のメロディーは大いに貢献していると私は思う。つまり、日本映画の二大スターは、どちらも伊福部メロディーのお蔭で世界的大スターになったのである。だから、今後の特撮の新作では、「どんたた踊り」を何とかしてやってくれないかと思っているのである。

20　円谷プロの設立と航空教育資料製作所の終焉

一九六三年四月十二日、円谷英二は、円谷特殊技術研究所を改組して、株式会社円谷特技プロダクションを設立する。その際の役員は、代表取締役・円谷英二、取締役・円谷マサノ（夫人）、同今津三良（夫人義弟）、同うしおそうじ、同市川利明（元東宝経理）、監査役・円谷皐（次男）だった。

典型的な家族による同族企業で、その後は様々な栄枯盛衰があって現在に至っている。円谷英二の長男で二代目の社長になるも、病ですぐに倒れた円谷一の息子・円谷英明の『ウルトラマンが泣いている──円谷プロの失敗』にプロダクションの実情がよく書かれていて、家族、兄弟間の葛藤、同族企業の運営の難しさ、問題点がよくわかる。様々な経過の果てに、現在では円谷プロ役員には円谷英二の親族は一人もいないそうだ。いずれにしても特撮というような、本来職人的な技術と企業運営を両立させるのは、非常に難しいということだろう。

この一九六三年は、円谷英二がかつてその指揮をとり、数々の特撮作品を作り出した航空教育資料製作所用地（一九六一年の新東宝倒産後は後継企業の国際放映の保有となっていた）が、日大商学部になった年でもある。戦争中、多くの若者を戦場に送り出すのに貢献した「秘密スタジオ」が、日本国憲法によって平和と文化国家を目指すことにした日本国で、より良い生活ができる社会と国を作るために学ぶ若者の学び舎になったことは、まことに喜ばしいことだったが、円谷英二は、こうした時代とその中での映画の役割の変化をどのように考えていたのだろうか。

円谷英二の一九五〇年代以降の作品を見ると、一九五六年から一九六四年までが、客観的にみて円谷特撮映画の頂点だったと思う。もちろん、一九六六年の『ゼロ・ファイター大空戦』（監督森谷司郎）、一九六九年の『連合艦隊司令長官・山本五十六』（監督丸山誠治）、『緯度0大作戦』（監督本多猪四郎）のような秀作もあるが、円谷は次第に自社プロに仕事の比重を移していったようだ。それは、今さらながら日本映画の最盛期と一致している。多額の費用と人間の手間を必要とする特撮は、日本映画の絶頂期と一致したのも当然で、その時代だからこそ多額の費用をかけた特撮が可能になったとも言える。もちろん、本格的に映画からテレビの時代となった一九六四年の東京オリンピック以降、円谷がそのテレビと映画、さらに万博等の展示の世界へと活躍の場を広げていった先見性はさすがと言えるが。

特技監督と特殊技術の差は、円谷が特撮技術者として全面的に担当した、言わば「円谷特撮」を売り物にしたのが特撮監督作品で、『極楽島物語』のように、一部使用しているのが特殊技術とタイトルされている物である。

一九五六年十二月二十六日　『空の大怪獣 ラドン』（東宝）特技監督
一九五七年一月二十九日　『極楽島物語』（宝塚映画）特殊技術
一九五七年十二月二十八日　『地球防衛軍』（東宝）特技監督
一九五八年六月二十四日　『美女と液体人間』（東宝）特技監督
一九五八年十月十四日　『大怪獣バラン』（東宝）特技監督
一九五九年四月十九日　『孫悟空』（東宝）特技監督
一九五九年七月五日　『潜水艦イ―57降伏せず』（東宝）特技監督

一九五九年十月二十五日　『日本誕生』（東宝）特技監督
一九五九年十二月二十六日　『宇宙大戦争』（東宝）特技監督
一九六〇年四月十日　『電送人間』（東宝）特技監督
一九六〇年四月二十六日　『ハワイ・ミッドウェイ大海空戦 太平洋の嵐』（東宝）特技監督
一九六〇年十二月十一日　『ガス人間第一号』（東宝）特技監督
一九六一年一月三日　『大阪城物語』（東宝）特技監督
一九六一年七月三十日　『モスラ』（東宝）特技監督
一九六一年八月十三日　『紅の海』（東宝）特技監督
一九六一年九月十七日　『ゲンと不動明王』（東宝）特技監督
一九六一年十月八日　『世界大戦争』（東宝）特技監督
一九六二年三月二十一日　『妖星ゴラス』（東宝）特技監督
一九六二年三月二十一日　『紅の空』（東宝）特殊技術
一九六二年八月十一日　『キングコング対ゴジラ』（東宝）特技監督
一九六三年一月三日　『太平洋の翼』（東宝）特技監督
一九六三年五月二十九日　『青島要塞爆撃命令』（東宝）特技監督

一九六三年八月十一日　『マタンゴ』（東宝）特技監督
一九六三年十月二十六日　『大盗賊』（東宝）特技監督
一九六三年十二月二十二日　『海底軍艦』（東宝）特技監督
一九六四年一月十三日　『士魂魔道 大龍巻』（宝塚映画）特技監督
一九六四年四月二十九日　『モスラ対ゴジラ』（東宝）特技監督
一九六四年八月十一日　『宇宙大怪獣 ドゴラ』（東宝）特技監督
一九六四年十二月二十日　『三大怪獣 地球最大の決戦』（東宝）特技監督

東宝が戦後に作った世界的な代表作は言うまでもなく『七人の侍』と『ゴジラ』である。この二本のうち『七人の侍』は戦争に行かなかった黒澤明の「贖罪」である。また、戦時期に多数の軍事シミュレーション映画を作った円谷英二においても、『ゴジラ』を作ったのは、日本と世界への警鐘であり、どちらも明らかに二人の反戦への強い思いなのである。

21　ゴジラ、ウルトラマン、『シン・ゴジラ』を貫くもの

ここで、あらためてゴジラとは何かを考えてみたい。また、二〇一六年夏に公開された『シン・ゴジラ』に至るゴジラの人気の秘密は何かも再度考えてみたい。

端的に言えば、ゴジラは日本人が作り出した最大の悲劇のヒーローであり、だからこそ日本のみならず世界中で人気者になっていると言えるだろう。

少し衒学的な言い方を持ち出して恐縮だが、ギリシャの哲学者アリストテレスは、演劇のみならず、すべての芸術はミメーシス、模倣であり、さらにそれは世界を表現するものだとしている。そして悲劇の本質は、「叙述ではなく、行為する人物たちによって行われ、あわれみとおそれを通じて、そのような感情の浄化（カタルシス）を達成するものである」（松本仁助・岡道男訳　岩波文庫）とし、それによって、世界をふたたび平安に戻すものとしている。さらに、その悲劇の原因は、主人公本人の責ではない運命的な過失によって起こ

されるものが望ましいとしている。

そこでアリストテレスが最上の悲劇としているのは、ソフォクレス作の劇『オイディプス』である。そこには、神のお告げのとおり、王子オイディプスは、実の父親を殺し、実母と契ってしまうという。この人間が本来に持つ悲劇性への怖れ、そして哀れみが鋭く表現されている。それは、何も知らずに父を殺し、母と契るように、人間の人生は常に先の見えない闇であり、時には本能的な何かの支配を受ける恐ろしさである。自分はどこから来て、どこに行くのか、という人間の生き死に、未来の不明さ、不確実さ、真実に遭遇したときの恐ろしさ、要は運命というべきものが、根底的に表現されている。故に、ギリシャ時代から、古典的名作とされ、多くの者によって上演され、見るものに感動を与えて来たのである。

では、わが日本のゴジラにあっては、どうだろうか。ゴジラは、今から一億五千万年前の中生代のジュラ紀、地球上では恐竜が大繁栄していた時代にいたが、その後の地球環境の激変で絶滅したのが、ティラノザウルスなどの恐竜である。現在生きている生物で、恐竜を祖先とするのは、鳥類だけである。そして、どこかの地下深くに眠っていたのに、人間の愚かな水爆実験によって目を覚まされ、地表上に出て来たことの悲劇である。ゴジラの出現は人間にとっては、凶暴な怪獣の出現、災厄だったが、視点を変えてゴジラ側から見れば、ゴジラにとっても、不幸な出会いだったと言える。なぜなら、中生代は恐竜の全盛時代で、人類など哺乳類の祖先は、当時はわずかネズミくらいの小動物が地表をうろうろしていた程度だったからである。それが、ゴジラが地上に出てみれば、かつての小動物が超巨大化して人間となっており、自分に攻撃を加えてくる。ゴジラが凶暴化するのも当然だろう。一九五四年の第一作で、古生物学者山根の志村喬は「ゴジラに光を当てるな！凶暴化する」と言い、ゴジラ側からの見方を提起している。また、さらに彼は「ゴジラを殺すことばかり考えるのではなく、水爆を受けてもなぜ生きているかを考えるべきだ」とも言っている。だから、ゴジラの悲劇は、自分が生きていたジュラ紀から、一億五千万年後の新生代の現在の地球環境では、適合できず、ただただ凶暴な怪獣としてしか生きられない生物の悲劇なのである。

これは、明治維新以降の近代化の中で、欧米諸国に追いつけ追い越せで国を発展させてきた日本の悲劇にアナロジーできると私は思う。

つまり、ゴジラの悲劇は、いきなり違う時代の地球環境に連れ出された生物の不適合の悲劇である。日本の太平洋戦争の敗北に至る悲劇も、十七世紀以降の鎖国による国内的平安にいたが、欧米列強のアジア進出に対応するため、無理やりに近代化を強いられてきた結果の悲劇である。すなわち、世界が急速に帝国主義の時代から脱却し、「民主主義社会体制の時代」に移行しつつある中で、遅れて仲間入りしてきた後進国の悲劇だった。世界が過去から変化しつつある中で、日本だけが過去の帝国主義国家建設の夢を追い、朝鮮、中国などを支配下に置き、さらにアジア太平洋地域に拡がろうとする時代遅れの拡張政策が、米国を代表とする欧米諸国との対立の基だった。それはゴジラのように、周囲の地域との衝突の中で、最後は負けざるを得ない時代的宿命をもっていたのである。

こうした悲劇的な戦争を一庶民として共に体験した円谷英二と本多猪四郎、さらに松林宗恵らが、『ゴジラ』シリーズを「戦争映画」、あるいは戦争からインスパイアされた映画として作ったのは、当然のことだった。なぜなら、戦争までの日本人にとって最大の国民的体験は、太平洋戦争とその敗北だったからだ。円谷英二や本多猪四郎らは、心ならずもか、あるいは自ら進んでかは、確認のしようもないが、ともかく戦争体制の中で生き、戦争に参加する以外に道のなかった彼らの、戦後の強い反省から来ているものなのである。だからこそ、ゴジラは日本人に戦争の愚かさを示唆すると、平田昭彦の芹沢博士が発明したオキシジェン・デストロイヤーの「チャチ」な機械によって海中で溶かされて海に帰ってしまうのである。

東宝を出てからのテレビ映画を中心とする円谷プロの活動の中で、重要な役割を演じた人物に、美術監督の成田亮と脚本家の金城哲夫がいる。この個性的な二人を書くことで、逆に彼らの才能を上手く生かした円谷英二の大きさを考えることができる。

成田亨は、一九二九年神戸で生まれ青森で育ち、中学時代から画才を発揮していた。だが、家の都合ですぐには絵の道に進めず、戦後一九五〇年、二十五歳で武蔵野美術大学に入り彫刻の勉強に励む。彫刻科を卒業し研究科のとき、後輩の紹介でアルバイトとして東宝砧撮影所に行き、初めて映画美術に関わる。それが『ゴジラ』だった。そこで石膏彫刻の腕を生かして主にビルを作り、次の一九五五年の『ゴジラの逆襲』では壊される大阪市庁舎なども手掛ける。東宝の石膏責任者の紹介で、松竹の『亡命記』（一九五五年監督野村芳太郎）、『忘れ得ぬ慕情』（一九五六年監督イブ・シアンピ）の撮影にも、戦前は円谷の一番弟子で、戦時中に松竹に引き抜かれた特技監督川上景司の下で参加。一九六一年矢島信男、上村貞夫らが東映で作った特殊撮影課に参加し、東映東京撮影所に入る。この頃の彼の特撮作品には、映画会社ニュー東映のオープニング・タイトルがあり、阿蘇山の噴火のシーンは彼の手になるもの。また今井正の一九六四年の『越後つついし親不知』には、海岸の漁村で海に柱が張り出した家々があり、下を嵐の波が打ち寄せている印象的なシーンがある。これも、今井は日本海岸を隈なくロケ・ハンしたが適当なものがなく、成田が模型で作ったものだという。このように成田は、前衛彫刻家の腕を生かして、大変に印象的なシーンを数多く作り出している。

中で最も有名なのは、一九六六年七月にTBSでスタートしたテレビ映画『ウルトラマン』のウルトラマンの造形、特に顔だろう。ちなみに『ウルトラマン』の前作、一九六六年一月から放映された『ウルトラQ』の題名は、一九六四年の東京五輪の体操競技での最高難度の業のウルトラCからきたもので、時代の気分を捕らえたすぐれた題名だと言える。成田の著書『怪獣と特撮』によれば、ウルトラマンの顔の輪郭は、飛鳥の広隆寺などに代表される弥勒菩薩をヒントとしたもので、彼はスーパーヒーローの造形の原則を次のように言っている。

1　美的要素

2　強いスーパーヒーローの要素

3　宇宙人の要素

そして具体的には、

なんとなく、強そうでもあり、それから静かでもあり、というようなえたいのしれないものが「ウルトラマン」にはあるんですよ。「ウルトラマン」の顔には集中と丸みとの矛盾があります。そうして、ちょっとしたライティングの違いで、悲しそうな顔をしたりね、ぐっと決意のような顔をしたりするんですよね。

一九六〇年代以降のウルトラマンの人気のもとが、円谷プロでの若い脚本家、監督、特撮技術者たちの、円谷の信念であるテレビでも一切手を抜かず、映画と同等の水準の作品を作るという、技術的な高さにあったことは言うまでもない。だが、ウルトラマンが、じつは弥勒菩薩であり、古代的なアルカイック・スマイルの優雅さにも大きな意義があったと私は思う。

東宝で、さらに円谷プロにおいても、その作品群が、日本においてのみならず、世界で大いに人気を得ているのは、その表現、特にゴジラなどの怪獣が、どこか温和で、直接的な凶暴さがなく、奥ゆかしいところがあるからではないかと私は思っている。

私は海外の特撮作品にそう詳しい者ではないが、『キングコング』に代表される海外の怪獣には直接的な暴力性、得体の知れない凶暴さといったものが感じられる。だが、多くの日本の怪獣映画には、そうした不快さはない。それは、特にテレビ作品では、円谷英二が、「子供も見るものだから、血を出すことは絶対にいけない」と止めさせたことによるものだが、もともと映画作品でも円谷作品はよく見ると、その作りは意外にお上品である。それは、東宝という会社の特質からくるものかもしれないが。

だが、円谷英二の人柄について、成田は、円谷と対比して、松竹の特撮部門の責任者の川上景司は、「気さくな人で、上下なんて関係はなかった」と感じていたのに対して「東宝は違って、円谷英二さんは絶対的な感じでした。美術じゃ渡辺明さんが絶対的でした」と東宝と松竹の違いを言っている。それは東宝における円谷英二が、名前で観客を呼べる偉大な存在だったことを示すものであろう。また、前衛彫刻家だった成田亨と、あくまでも映画の技術屋であり、職人だった円谷英二との違いでもある。円谷英二には、特撮の技術に関する文章が非常に多く、戦前から本や雑誌に残されている。だが、作品のテーマや主題など、作品の内容と自分のことを語った文章はほとんどなく、彼の真意をうかがうことは非常に難しい。それは一昔前の、何も語らず、ただ黙々と手を動かして、優れた製品を作るという「職人気質」から来たものだと思う。成田は、特撮映画と映画の中の特撮についても次のように言っている。

「映画の中の特撮」というのは、映画が進行していくそのカットの中に特撮が入るわけだけど、「えっ、特撮なんてあったのーえっ、あれ特撮」って言わせるような特撮ですね。それが、東映でやらなきゃいけない仕事だと思い、事実やりました。それに対して「特撮映画」というのは何かというと、円谷特撮。つまり、やったぞ、すげえだろうという明らかにわかる特撮です。

ここには東宝と東映における特撮の位置付けの大きな違いがある。東宝では、文芸作品やサラリーマンものなどの喜劇と並び、円谷特撮映画が、年間の大作の一つとしてきちんとプログラムに繰り込まれ、会社も観客も「今年はなんだろう……」と期待して見ていた。東映では特撮を売り物にする作品はほとんどなかった。それほどに円谷映画は大きな存在だった。彼を見出し、東宝映画の中核の一つに据えた森岩雄の見る目の確かさには驚くしかない。

前述のようにウルトラマンの造形で大きな役割を果たした成田だが、その後、権利関係のトラブルで円谷プロとは別れてしまう。だが、その後も一九七四年の『樺太1945年氷雪の門』（監督村山三男）、一九七五年の『新幹線大爆破』（監督佐藤純弥）、一九八三年の『この子を残して』（監督木下恵介）、一九八四年の『麻雀放浪記』（監督和田誠）などで優れた特撮と映画美術を残している。

成田と同様に、ウルトラマンの製作で大きな貢献を果たした若き脚本家に金城哲夫がいる。彼が沖縄の出身であることは大変に興味深い。沖縄、特に与那国島には、弥勒菩薩信仰があり、現地ではみるくと呼ばれている。何か不幸が島に起きたとき、西方の海の彼方からみるく、つまり弥勒菩薩が現れて島人々を救うというのである。私は一九八二年六月に国立小劇場で、『与那国の歌と踊り』の公演を見たことがある。杖術など、中国的な舞踊もあり、この島の地形的な重層性を感じさせたが、公演の中盤、みるくの仮面をかぶった神が、弟子たちを連れて島に現れた。その優雅さと信仰の強さに大変感動したのをよく憶えている。金城哲夫に、こうした弥勒菩薩信仰があったとは思えないが、どこかで金城の思いと成田の考えが共鳴して弥勒菩薩姿のウルトラマンを作り出したのではないかと思うのである。

円谷の多くの本には、彼が戦前から『竹取物語』を作りたかったという話が出てくる。戦前はともかく、戦後の円谷にとって『竹取物語』とは、古典の『竹取物語』ではなく、劇作家加藤道夫が一九四四年に書いた名作『なよたけ』である。加藤は、後に文学座に入る俳優芥川比呂志らと戦時中から劇団をやっていたが、一九四四年に南方に通訳官として赴いた。その時、死地に赴く自己の遺書として、『竹取物語』の誕生を青年貴族と竹林に住む少女との恋物語の詩劇として書き、三島由紀夫はじめ多くの文学者に絶賛された。それは、一九五三年の彼の死の二年後に文学座で初めて公演された。円谷は、その映画化を企画していて、英二の次男円谷皐の玉川学園時代の先生で、玉川大学文学部の講師で映画のシナリオも書いていた上原照男に脚本化を依頼した。上原が完成した原稿を、以前から玉川学園の生徒の一人として知っていた金城に読み聞かせたところ、彼は大変に感動したという。これは、円谷の特技監督、成瀬己喜男監督で東宝が映画化するはずだったが、実現しなかった。理由は不明である。多分、円谷が東宝で多忙だったからだろうと推測される。一九六〇年などは年間に八本の作品を手掛けているのだから、その多忙さは相当である。『なよたけ』は、戦後の日本の創作劇の金字塔的作品であり、加藤道夫は、今は大集団となった劇団四季を指導していた者のひとりで、加藤の『思い出を売る男』は劇団四季発足のきっかけとなった作品である。また、極めて意外に思えるかもしれないが、加藤作品の幻想性と詩的雰囲気、高い文学性は、一九六〇年代後半の、唐十郎と状況劇場の「アンダーグラウンド演劇」の基にもなったとも考えられるのである。『なよたけ』の映画化を企図した者は他にもいて、わずか三十六歳で亡くなってしまった市川雷蔵も、自分の初監督作品として、『なよたけ』を考えていたというのだからさすがである。それも彼の若き死でできなかったのは非常に残念なことだった。

一九六六年一月にTBSから放映開始された『ウルトラQ』の好評に続き、同年七月から『ウルトラマン』が放映される。円谷の日記には次のように書かれている。

一九六六年六月一〇日（金）曇　午后六時からプロで「ウルトラマン」の試写を見

る。誠に結構なる出来栄え、心から若い者達に賛辞を送る。皆も己れ達作品の好評に大層満足らしく試写後は大張り切りの上機嫌で社内は明るい笑い声絶えず、私もプロを持った新しい生き甲斐を感じる。

七月一七日（日）晴　今夕は「ウルトラマン」の第一回なので、楽しみに放映を待つ。高野、佐川、それに金城君達も来て一緒に見る。第一回はなかなかよく出来ているし色もよい。皆で乾杯して前途を祝う。

（円谷英二日記『円谷英二の映像世界』）

長年大手映画会社で、会社の命に沿った仕事をやってきたが、やっと自分が自由に心ゆくまで特撮に専念できる場を持ち、若い人達も生まれて来たことへの喜びが素直に表現されている。円谷英二という人は、決して気難しい芸術家的な人ではない。基本的には人の好い、素直なおじさん、下の者からは「親父さん」として慕われる「気さくな作家」（矢島信男）だったのである。

そして円谷プロは、一九六八年一月の彼の死後、必ずしもすべてがうまくいったわけではないが、円谷の東宝から円谷プロでの作品群、さらには彼の死後の諸作品も円谷英二の特撮のＤＮＡを受け継ぐ作品として愛好され、尊敬されている。それは円谷が本当に映画が好きで、さらに特殊技術を駆使することで、現実にはない物も映像化できる特撮技術の素晴らしさと、さらに飛行機好きに象徴されるメカニズム好きと科学への信頼があるからだと思う。どこをとっても円谷英二の世界には、人間とこの現実世界への明るい信頼があり、そのことが最大の魅力だと私は思う。

そして二〇一六年の『シン・ゴジラ』が日本で大ヒットしている理由はどこにあるのだろうか。理由は二つある。一つは、ゴジラ映画を一九六〇年代後半以降の子供向けの「プロレスごっこ」にはせず、一九五四年の『ゴジラ』の恐怖と悲劇のゴジラの姿に戻したことである。さらには、東京の都心に居座ったゴジラが原子力を摂取する生物であり、都心に強い放射能汚染が残ってしまうという設定にある。これは、二〇一一年三月十一日の東日本大震災による東京電力福島第一原子力発電所の事故で、原子炉の一、三、四号器がガス爆発し、大量の放射能が放出され、東日本全体の汚染の恐れが危惧されたことを想起させる。この時、アメリカなど欧米諸国は、自国民の日本からの避難を呼びかけ、事実多くの外国人が首都圏から出た。

『シン・ゴジラ』での中盤以降の、強力な放射能を持つゴジラにどう対応するかは、いわば福島原発事故のさらなる核汚染事故拡大にどう対応するかのアナロジーであり、『モスラ』の原作版の再現でもあると言える。一九六一年の『モスラ』から五十五年後に、政治劇として『シン・ゴジラ』を組み立てた庵野秀明監督の手腕は大きく評価できる。核ミサイル攻撃を主張する米国と多国籍軍に対し、血液冷凍作戦を主張し実行する日本政府と自衛隊は、まさに日本の姿である。通常兵器は役に立たず、米国などは核ミサイルの使用を提案し、日本にその履行を強く迫る。これに対し、大河内前首相（大杉漣）の死亡で偶然後継首相になった前農林大臣だった里見（平泉征）は、双方の板挟みになって言う、「こんなことで歴史に名を残したくなかったなあ」一見無能に見える日本政府は、核使用を拒否し、ゴジラの血液の冷凍化を提案し実行させる。ここには、戦後一貫して核使用に反対してきた昭和天皇のご意思の継承である共に、二〇一一年の3・11後の原子力発電所の使用停止に象徴される、原発開発への日本国民の反対と疑問が反映されていると思う。ゴジラは、今も日本の悲劇の行方を示唆しているのである。

22　円谷英二の功績

一九六三年四月、戦後東宝を辞めて浪人中の円谷は、一九四八年自宅に作っていた特殊技術研究所を改組し、株式会社円谷特技プロダクションを設立し、東宝から次第に自社でのテレビ映画製作に移行していく。円谷以降で、一九七三年に初めて特撮監督の名を東宝からもらったチーフ助監督の中野昭慶は、一九六四年の稲垣浩監督の『士魂魔道・大竜巻』の製作開始の際の稲垣と円谷の打ち合わせを次のように言っている。


稲垣（浩）「……やあ」

円谷（英二）「おっす」

これはぼくが知る限り事前打ち合わせの最短記録である。通常、特撮と本編はクランクイン前に互いの領分を確認するためにシナリオに沿って綿密な打ち合わせを行う。

ところが、お互いに仕事の数を重ねツーカーの仲になると、この打ち合わせの時間は極端に短くなってくる。円谷さんと稲垣さんは遠くサイレント時代からの仲であるから、互いの気心を充分に知りつくしての打ち合わせは短かくて当然なのだが、それにしても「やあ」「おっす」のふた言ではあまりにも短すぎる。これで映画が一本出来てしまうのだから、吃驚というより呆れてしまう。

しかもこれは、本編（劇）は関西の宝塚映画撮影所で、特撮が東宝砧撮影所でと別々に撮影され、その間相互のスタッフはクランク・アップまで一度も顔を合わせることはなかったというのだから、まさに信じがたい。

一九三六年二月二十六日（二・二六事件の日）村田実、牛原虚彦、衣笠貞之助らが発起人となり、日本映画監督協会ができたとき、会員は二十三人だった。それが現在では、日本映画監督新人協会会長の大高正大によれば「監督を自称する者は、恐らく五千人はいるだろう」とのことである。現在では、日本映画大学（学長佐藤忠男）を頂点に、映像の専門学校は多数あり、さらに多くの国・公・私立大学も映像関係の部門を持っているので、毎年無数の監督が生まれているからである。それに対して今から約八十年前は、たった二十三人しかいなかった。監督をはじめ各部門のスタッフが、経験と技術を持つ優秀な人間だったことは容易に理解されるに違いない。そうした状況での稲垣浩と円谷英二の職人芸である。また、中野は、本多猪四郎との打ち合わせについても言っている。

本多組との打ち合わせ時間も、これまた非常に短い。互いに気心の知れた者同士だからだ。「いつもの通り楽しくやりましょう」が、本多さんの決まり文句だった。

（中野昭慶／前掲書）

さらに中野は円谷演出の隠し業《わざ》として、間の取り方の上手さについて言っており、それは矢島信男も指摘していることである。『妖星ゴラス』のミニチュワワークについて中野は言っている。

ステージの隅から隅まで、足の踏み場もないほどの馬鹿でかいセットを円谷さんは舐めるようにして撮っていく。南極基地という名の俳優が充分なタメ（間）をつくり、最後に大見栄をきる感動の一瞬、そのとき、スペクタクルドラマ特有の情感が漲ったクライマックスが生まれる。俳優の名演技を見るような楽しさと感動をぼくたちに与えてくれるところが円谷演出の真骨頂だ。

（中野昭慶／前掲書）

この円谷演出の間の取り方の上手さというのは、恐らく戦前のサイレント時代、林長二郎（長谷川一夫）の演技、特に踊りにおける間の取り方の上手さから円谷が学んだものだと思う。伝説化しているが、当時から長谷川は、演技しながら自分に当たっている照明器具がどれか、常に分かっていたという。そのくらい彼は冷静に演技を分析でき、映像化されたときの画面も想像できていたのである。その彼が、タメの取り方（いいところで一瞬動きを止めて流し目を見せ、観客を喜ばせるテクニック）を完全に理解していて、当時彼の作品のカメラマンだった円谷は、長谷川の指摘による撮影技術を習得したのに違いない。

また、矢島信男は、円谷の人間性に触れ、後進を育てることに大変に熱心だったとし、そのことが今日に至る日本の特撮映画の興隆に結びついていると言う。それは矢島の言う通りで、特撮のミニチュアワークなどでは、精巧で細密な模型作りが要求されるが、それは当然ながら監督一人ではできず、多数のスタッフの参加、協力でできるものだからである。

東宝と円谷プロで円谷は、川上景司、矢島信男、上村貞夫、中野昭慶、川北紘一、中野稔、佐川和夫、金城哲夫、上原正三、高野宏一らの優秀なスタッフを育てたことは大変に評価できることであり、数多くの優れた作品を残したよりもむしろ、それが円谷英二の最大の功績だと言えるかもしれない。近年のコンピュータ技術の進歩によって、映画がＣＧなどデジタルで容易に作成、処理できるようになっても、結局最後は人間の手によるアナログ的な技術と工夫によるものであることは間違いのないところなのだから。

参考文献

２００１円谷英二生誕１００周年記念プロジェクト監修『素晴らしき円谷英二の世界』（中経出版・二〇〇一年）

本多猪四郎『「ゴジラ」とわが映画人生』（実業之日本社・一九九四年／ワニブックスＰＬＵＳ新書・二〇一〇年）

田中文雄『神《ゴジラ》を放った男――映画製作者・田中友幸とその時代』（キネマ旬報社・一九九三年）

うしおそうじ『夢は大空を駆けめぐる――恩師・円谷英二伝』（角川書店・二〇〇一年）

鷺巣政安・但馬オサム『アニメ・プロデューサー――鷺巣《さぎす》政安《まさやす》・元エイケン制作者』（ぶんか社・二〇一六年）

山本嘉次郎『カツドウヤ水路』（筑摩書房・一九六五年）

木村威夫『裏話ひとつ映画人生九十年――「多摩川精神」撮影所とその周辺』（岩波書店・二〇〇九年）

石渡均編『ひまわりとキャメラ――撮影監督・岡崎宏三一代記』（三一書房・一九九九年）

長部日出雄『天才監督木下恵介』（新潮社・二〇〇五年）

山口且訓・渡辺泰『日本アニメーション映画史』（有文社・一九七八年）

古川隆久『戦時下の日本映画――人々は国策映画を観たか』（吉川弘文館・二〇〇三年）

高瀬昌弘・山内八郎『八ちゃんの撮影所人生』（フィルムアート社・一九九八年）

横浜市・横浜の空襲を記録する会編『横浜の空襲と戦災３公式記録編』（横浜市・一九七五年）

『映画年鑑　昭和十八年版』（日本図書センター・一九九四年）

佐藤忠男『日本映画史２・増補版』（岩波書店・二〇〇六年）

堀川弘通『評伝 黒澤明』（毎日新聞社・二〇〇〇年）

黒澤明・浜野保樹編『大系 黒澤明 第１巻』（講談社・二〇〇九年）

本木荘二郎「東宝映画 戦中から戦後へ」（「映画芸術」一九七六年四・五月号）（黒澤明著・浜野保樹編『大系黒澤明第２巻』講談社・二〇〇九年所収）

山田風太郎『戦中派虫けら日記──滅失への青春』（ちくま文庫・一九九八年）
林顯四郎『日本映画史のミッシング・リング／東宝の航空教育資料製作所』「映画テレビ技術」（日本映画テレビ技術協会・二〇〇六年三〜七月号）
うしおそうじ『手塚治虫とボク』（草思社・二〇〇七年）
武田謙之助（「証言6」石川柾子編『来なかったのは軍艦だけ 東宝争議研究資料集第1号』（一九七六年）
徳川夢声『夢声戦争日記 第1巻 昭和16〜17年』（中央公論社・一九六〇年）
大島渚『体験的戦後映像論』（朝日新聞出版・一九七五年）
黒澤明『蝦蟇の油──自伝のようなもの』（岩波書店・一九八四年）
広澤栄『私の昭和映画史』（岩波書店・一九八九年）
井上雅雄『文化と闘争──東宝争議1946─1948』（新曜社・二〇〇七年）
『黒澤明ドキュメント』（キネマ旬報社・一九七四年）
澤地久枝『男ありて──志村喬の世界』（文藝春秋社・一九九四年）
高峰秀子『わたしの渡世日記・下』（文藝春秋社・一九九八年）
伊藤雅一『霧と砦 東宝大争議の記録（1965年）』（連合通信社・一九六五年）
原節子「映画ファン」（一九五三年二月号）
高橋治『絢爛たる影絵──小津安二郎』（文藝春秋・一九八五年）
指田文夫『黒澤明の十字架』（現代企画室・二〇一三年）
円谷英二「トリック映画今昔談──特殊撮影技師として歩いた四十年──」（「中央公論」一九五七年十月号）
中野重治『中野重治一九四五年夏』（中央公論社・一九九四年）
梅崎春生『梅崎春生全集第七巻』（新潮社・一九六七年）
高見順『敗戦日記』（文藝春秋新社・一九五九年）

伊丹万作「戦争責任者の問題」『新装版 伊丹万作全集1』（筑摩書店・一九八二年）
森岩雄『私の芸界遍歴』（青蛙房・一九七五年）
植草圭之助『わが青春の黒沢明』（文藝春秋・一九八五年）
四方田犬彦『李香蘭と原節子』（岩波書店・二〇一一年）
宮島義勇著／山口猛編『「天皇」と呼ばれた男――撮影監督宮島義勇の昭和回想録』（愛育社・二〇〇二年）
高槻真樹『戦前日本・SF映画創世記――ゴジラは何でできているか』（河出書房新社・二〇一四年）
野田高梧『蓼科日記 抄』（「蓼科日記」刊行会・二〇一三年）
小津安二郎著・田中真澄編『全日記 小津安二郎』（フィルムアート社・一九九三年）
中村真一郎『わが点鬼簿』（新潮社・一九八二年）
平野貞夫『昭和天皇の「極秘指令」』（講談社・二〇〇四年）
円谷英明『ウルトラマンが泣いている――円谷プロの失敗』（講談社・二〇一三年）
『営業報告書集成（マイクロ資料）第1集～9集』（雄松堂出版・一九六六～二〇〇八年）
竹内 博／山本 真吾編『円谷英二の映像世界完全・増補版』（実業之日本社・二〇〇一年）

〔著者紹介〕
指田 文夫
（さしだ・ふみお）

大衆文化評論家。
1948 年 3 月東京大田区池上生。
1972 年早稲田大学教育学部英文科卒。
同年から 2012 年 3 月まで、横浜市役所勤務。
1982 年から「ミュージック・マガジン」に演劇評等を執筆。
1991 年ウォーマッド横浜を企画。
2008 年国連アフリカ開発会議記念イベント・高校生ミュージカル『やし酒飲み』を企画。
著書に『小津安二郎の悔恨──帝都のモダニズムと戦争の傷跡』（えにし書房、2015 年）、『黒澤明の十字架──戦争と円谷特撮と徴兵忌避』（現代企画室、2013 年）、『いじわる批評、これでもかっ！──美空ひばりからユッスーまで、第七病棟からTPT まで──ポピュラー・カルチャーの現在』（晩成書房、2001 年）がある。

Emishi Shobo

ゴジラは円谷英二である
航空教育資料製作所秘史

2016年 12月 8日 初版第1刷発行

■著者　指田文夫
■発行者　塚田敬幸

■発行所　えにし書房株式会社
〒102-0074 東京都千代田区九段南 2-2-7 北の丸ビル 3F
TEL 03-6261-4369　FAX 03-6261-4379
ウェブサイト　http://www.enishishobo.co.jp
E-mail　info@enishishobo.co.jp

■印刷／製本　モリモト印刷株式会社
■装幀　又吉るみ子
■DTP　板垣由佳
ⓒ 2016 Fumio Sashida ISBN978-4-908073-32-8 C0074

定価はカバーに表示してあります
乱丁・落丁本はお取り替えいたします。
本書の一部あるいは全部を無断で複写・複製（コピー・スキャン・デジタル化等）・転載することは、法律で認められた場合を除き、固く禁じられています。

周縁と機縁のえにし書房

小津安二郎の悔恨　帝都のモダニズムと戦争の傷跡

指田文夫 著／四六判 並製／1,800円+税／978-4-908073-13-7 C0074

失敗作とされる『東京暮色』こそ傑作、小津の本心が秘められている。小津に隠された「悔恨」と揺らぎを作品から掬いあげ、新しい小津像を描き出す。『黒澤明の十字架』の補遺を通し、巨匠2人の戦争との関わりを対比した比較論考を付す。

ぐらもくらぶシリーズ2

あゝ浅草オペラ　写真でたどる魅惑の「インチキ」歌劇

小針侑起 著／A5判 並製／2,500円+税／978-4-908073-26-7 C0076

未発表の貴重な秘蔵写真200余枚を収載し、高木徳子・藤原義江・浦辺粂子・二村定一など、浅草オペラから輩出した大スターたちの知られざるデビュー当時の記録から、浅草オペラに関する盛衰を詳細に綴る歴史資料価値の高い1冊。

ドイツの歌舞伎とブレヒト劇

田中徳一 著／四六判 上製／2,700円+税／978-4-908073-20-5 C0074

19世紀末から20世紀初頭、ジャポニズムが流行した時期にヨーロッパに伝わった歌舞伎は、ドイツで翻案され、独自の変化を遂げた。知られざる事実を丹念な調査で掘り起こし、丁寧に辿る、異文化交流史研究の成果。

ルーマニア音楽史　音楽家の足跡から辿る

畠山陸雄 著／四六判 並製／2,000円+税／978-4-908073-12-0 C0073

様々な民俗音楽・伝統音楽、現代音楽が併存し、独自の魅力を放ち、多くのファンを持つルーマニア音楽を、古代から現代まで、エネスク、ポルムベスク、ハスキル、リパッティ、ボベスク、ルプー、チェリビダッケなど音楽家約80人の活動を丁寧に辿りながら詳細に解説。最新音楽事情、貴重なロマ音楽事情も盛り込んだ決定版。

ボンボニエールと近代皇室文化　掌上の雅

長佐古美奈子 著／A5判 並製／3,500円+税／978-4-908073-17-5 C0072

皇室からの小さな贈り物。明治初期、宮中晩餐会の引出物としてはじまった掌サイズの美しく、粋な工芸品「ボンボニエール」を学術的に研究・紹介。ボンボニエールを様々な角度から考察した唯一の本格的研究書。貴重なボンボニエールを200点以上掲載。オールカラー。

旧制高校の校章と旗

熊谷晃 著／A5判 並製／3,500円+税／978-4-908073-22-9 C0037

外地を含む38の旧制高校の校章（記章・帽章＝バッジ）校旗を完全網羅。各デザインに込められた意味、来歴、誇り、伝統……を各校ごとに紹介。日本の高等教育の稀有な成功例である旧制高校を、独自の切り口で紹介する初の書！　オールカラー。

周縁と機縁のえにし書房

丸亀ドイツ兵捕虜収容所物語

高橋輝和 編著／四六判 上製／2,500円+税／978-4-908073-06-9 C0021

映画「バルトの楽園」の題材となり、脚光を浴びた板東収容所に先行し、模範的な捕虜収容の礎を築いた 丸亀収容所 に光をあて、その全容を明らかにする。公的記録や新聞記事、日記などの豊富な資料を駆使し、当事者達の肉声から収容所の歴史や生活を再現。貴重な写真・図版66点収載

ぐらもくらぶシリーズ1

愛国とレコード　幻の大名古屋軍歌とアサヒ蓄音器商会

辻田真佐憲 著／A5判 並製／1,600円+税　978-4-908073-05-2 C0036

大正時代から昭和戦前期にかけて名古屋に存在したローカル・レコード会社アサヒ蓄音器商会が発売した、戦前軍歌のレーベル写真と歌詞を紹介。詳細な解説を加えた異色の軍歌・レコード研究本。

第一次世界大戦　平和に終止符を打った戦争

マーガレット・マクミラン 著／真壁広道 訳／滝田賢治 監修／A5判 上製／8,000円+税

世界中で話題を呼んだ The War That Ended Peace: How Europe Abandoned Peace for the First World War の邦訳。第一次世界大戦以前にヨーロッパが経験していた大きな変容を描き、鍵となった人物に生命を吹き込み、なぜ平和な大陸が混乱に沈んでいったのかを明確に説明。978-4-908073-24-3 C0022

陸軍と性病　花柳病対策と慰安所

藤田昌雄 著／A5判 並製／1,800円+税／978-4-908073-11-3 C0021

日清・日露戦争以後から太平洋戦争終戦間際まで、軍部が講じた様々な性病（花柳病）予防策としての各種規定を掲載、解説。慰安所設置までの流れを明らかにし、慰安所、戦地の実態を活写した貴重な写真、世相を反映した各種性病予防具の広告、軍需品として進化したコンドームの歴史も掲載。問題提起の書。

新装版 禅と戦争　禅仏教の戦争協力

ブライアン・ヴィクトリア 著／エイミー・ツジモト 訳／四六判 並製／3,000円+税

禅僧たちの負の遺産とは？　客観的視点で「国家と宗教と戦争」を凝視する異色作。僧衣をまとって人の道を説き、「死の覚悟、無我、無念、無想」を教える聖職者たち――禅仏教の歴史と教理の裏側に潜むものを徹底的に考察する。

978-4-908073-19-9 C0021

ミドリ楽団物語　戦火を潜り抜けた児童音楽隊

きむらけん 著／四六判 並製／2,000円+税／978-4-908073-29-8 C0095

戦時下に発足し、陸軍を慰問し評判となった小学生による音楽隊は、戦後にはミドリ楽団として華々しいデビューを遂げ、駐留米軍をはじめ多くの慰問活動を行い、日米友好を深める架け橋となった。

周縁と機縁のえにし書房

国鉄「東京機関区」に生きた　1965〜1986

滝口忠雄 写真・文／B5 横 並製／2,700 円+税／978-4-908073-04-5 C0065

いまはなき国鉄「東京機関区」に生きた著者が、国鉄職員の“働く姿と闘う姿”と“電気機関車の姿”を活写した貴重な写真集。国鉄に就職し「ベンセン」掛（客車の便所、洗面所の清掃）から東京機関区の電気機関士となった著者撮影の 1965 年〜 86 年までの国鉄の姿は、貴重な第一級資料。

朝鮮戦争　ポスタルメディアから読み解く現代コリア史の原点

内藤陽介 著／A5 判 並製／2,000 円+税／978-4-908073-02-1 C0022

「韓国／北朝鮮」の出発点を正しく知る！　ハングルに訳された韓国現代史の著作もある著者が、朝鮮戦争の勃発―休戦までの経緯をポスタルメディア（郵便資料）という独自の切り口から詳細に解説。退屈な通史より面白く、わかりやすい、朝鮮戦争の基本図書ともなりうる充実の内容。

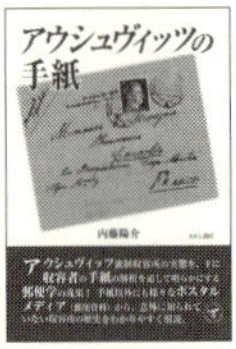

アウシュヴィッツの手紙

内藤陽介 著／A5 判 並製／2,000 円+税／978-4-908073-18-2 C0022

アウシュヴィッツ強制収容所の実態を、主に収容者の手紙の解析を通して明らかにする郵便学の成果！ 手紙以外にも様々なポスタルメディア（郵便資料）から、意外に知られていない収容所の歴史をわかりやすく解説。

世界「地方旗」図鑑

苅安望 著／B5 判 上製／12,000 円+税／978-4-908073-15-1 C0025

国旗よりさらに踏み込んだ行政区域、県、州の旗を広く紹介することを目的に編集。ほとんど知られていない旗を体系的に紹介する旗章学研究の金字塔。独立国 198 カ国の政治体制・地方行政単位が地図と共に幅広く理解できる稀有な書。

日本「地方旗」図鑑　ふるさとの旗の記憶

苅安望 著／B5 判 上製／12,000 円+税／978-4-908073-25-0 C0025

3000 を超える都道府県、市町村の旗を掲載した比類なき図鑑。47 の都道府県旗と 1741 の市町村旗のすべてを正確な色・デザインで地図と共に掲載、解説。「平成の大合併」に伴い廃止された 1247 の「廃止旗」も旧市町村名とともに掲載。

増補・新版 戦国武将「旗指物」大鑑

加藤鐵雄 著／A5 判 並製／5,000 円+税／978-4-908073-27-4 C0021

武将 24 人大幅増補とコラムも追加。戦国時代の武将 236 人、約 450 を超える旗指物を一次資料（屏風絵）中心に再現・編集。各武将の略歴（系図）・家紋も掲した本格的旗指物資料の決定版！オールカラー。